「自信がない」という価値

CONFIDENCE

BY TOMAS CHAMORRO-PREMUZIC

トマ[illegible]＝プリミュージク
TOMAS CHAMORRO-PREMUZIC

桜田直美
［訳］
TRANSLATED BY
NAOMI SAKURADA

河出書房新社

ジェンカ・プリミュージクに捧げる

（あなたにこの本は必要ないけれど）

「自信がない」という価値

親愛なる読者のみなさんへ――日本語新装改訂版によせて

この世界に存在する問題のほとんどは自信が関係している。とはいえ、巷にあふれている自己啓発本のアドバイスや、そのアドバイスによって世間で広く信じられていることとは裏腹に、問題は自信が低すぎることではなく、むしろ自信がありすぎることだ。

実際のところ、洋の東西を問わず、人間はたいてい、自分の能力、才能、実力、運を過大評価している。他人と比べるときもそうであり、現実の自分と比べるときもそうだ。これは統計的に証明された事実なのだが、本やブログに書かれている心理学のアドバイスの99％は、これと正反対のことを主張している。人間は病的なほど自信が低く、そのため私たちすべてにとって必要なのは、自信と自尊心を高めることだというのだ。

あなたが自信を高めるためにこの本を手に取ったのなら、それはあなたが多数派の一員だということだ。自分を高く評価するのはいい気分につながるということは、研究でも証明されている。特に、自分を疑う、自分を執拗に批判するといった他の選択肢と比べる場合はもちろん、避けられない不確実性や、不安をかき立てる曖昧さを受け入れる（そもそも人生とは不確実なものだ）ことと比べても、自信はあったほうがずっと気分がいい。

しかし、本書でも述べているように、自分を高く評価することに最適化した人生を送ることに利点はほとんどなく、むしろ欠点だらけといっていい。その大きな理由の一つは、「自分は正しい」と思いたいという欲求は、一般的に物事をありのままに正しく理解することの妨げになるからだ(そして、この「物事」の中には自分自身も含まれる)。

残念ながら、自信や自尊心をもてはやしてばかりでは、むしろ個人の成長は阻害されてしまうのだ。組織や国家が、ある人物の実際の能力ではなく、自信(つまり、本人が自分をどれだけ高く評価しているかということ)を基準にリーダーを選ぶと、組織の構成員や国民は高い代償を払うことになるだろう。

自分自身に疑いの目を向けられる人ではなく、自分自身を崇拝する人を崇拝するような文化、謙遜を旨とする人ではなく、夜郎自大を崇拝するような文化では、ナルシシズムが蔓延し、正しい自己認識、本物の才能、人格的な高潔さが犠牲になる。

もちろん、恐怖や不安で身動きが取れないような状態を望む人はいないだろう。しかし、自信にも適量というものがあり、それは「できるだけたくさん」ではない(あるいは、イーロン・マスク、ドナルド・トランプ、ウラジーミル・プーチンと同レベルでは困る)のだ。

適量の自信とは、実際の能力に見合った自信だ。言うまでもなく、何かで上達したいのなら、まず現在の能力を正しく見きわめなければならない。そうすれば、目指す能力との差も正しく測定できる。自分が何を知らないかを自覚できれば、知識を増やすチャンスが手に入る。つまり、現在の自分と理想の自分との差を自覚し、不安になれる人ほど、より確実に成長できるということだ。

以上のようなことを私が初めて書いたのは、今からわずか十年あまり前のことだ。本書の初版を出したとき、私の主張は一笑に付され、さらには異端のそしりさえ受けたものだ。

しかし、この十年の間で、私たちは自信過剰がもたらす害をいやというほど目撃してきた。国民投票や選挙ではおかしな結果になり、民衆のエゴをくすぐるポピュリストの政治家が当選する。自分は法律も道徳も超えた存在だと勘違いして、道を踏み外す権力者が後を絶たない。このデジタル社会において、個人はエコーチェンバーの中に閉じこもり、気に入らない現実からは目を背け、自分の見たいものだけを見て、信じたいことだけを信じているために、社会の分断はますます深まっている。

そんな現代に生きる私たちを一言で表現するなら、「**自分の正しさを信じて疑わないが、つねに間違っている**」がいちばんぴったりくるだろう。何か意味のある物事への態度もこうであり、意味のない物事への態度となるとさらにこの傾向が強くなる。

世界は年を追うごとに変化のスピードを上げ、未来の不確実性は高まるばかりのように感じられる今の時代、人間とはどういうものかという基本的な理解さえ大きく揺らいでいる。特に未来においては(あるいは現在でさえも)、私たち人間にとって大切な活動や、意思決定、達成も、機械と共有せざるを得なくなりそうだ。ＡＩの進化を目の当たりにすると、人間の知能の存在意義にさえ疑問が生じてくる。

しかし、そんな状況の中でも変わらないものがある。それは、自分自身を理解すること、自分を正しく認識すること、本当の自分を受け入れることの大切さだ。自分を知ることには、あまりにも多くの心理的な利点がある。しかし、本当の自分から目を背け、分不相応の自信を身につけることばかりに目を向けていたら、それらの利点は一つも手に入らないだろう。

個人も、集団も、社会全体も、自らの限界を自覚したほうがうまくいく。なぜなら、限界を自覚することは、限界を緩和する唯一の方法だからだ。それに加えて、個人のレベルでも、文化のレベルでも、自信過剰の誘惑を退けることが、謙虚さを身につける唯一の道だ。思い込みの中だけではなく、現実の世界でも理想の自分になりたいのであれば、つねに自分に厳しい目を向け、自分を正しく認識し、欠点を克服するために努力しなければならない。

この本を楽しんでもらえたら幸いだ。この本があなたにとって、自信と能力の価値についてあらためて考えるきっかけとなることを願っている。自信と能力の関係を正しく理解すれば、それが人生を決める重要な態度に与える影響を知り、よりよいバージョンの自分になるための枠組みを手に入れることができるだろう――ここで大切なのは、自分にとってのよりよいバージョンではなく、他者にとってのよりよいバージョンになることだ。

二〇二三年四月二十八日　ニューヨーク市にて

トマス・チャモロ＝プリミュージク

［「自信がない」という価値　目次］

親愛なる読者のみなさんへ――日本語新装改訂版によせて　002

第1章 自信と実力は違う

実力があるから自信もあるのだ　012
自分の投稿にも「いいね！」　015
自信はコカ・コーラだ　020
自信は実力につながらない　025
自信のある人はたいてい勘違いしている　029
無知は幸いならず　033
自信は現実から目をそらすための魔薬　038
「実力をつける→自信がつく」のが正しい道　045

うつ状態は実力を高める絶好のチャンス 046
根拠のない自信から本物の実力へ 050
●第1章のまとめ 058

第2章 自信のなさを利用する

不安は役に立つ 060
自信のなさはあなたを守る 067
自信がない人ほど努力する 075
他人から見れば、あなたはそんなにたいしたことはない 080
成功している人は本当の自分を出さない 085
ふりをすれば本物になる 089
●第2章のまとめ 094

第3章 「他人からの評価」ですべてが決まる

人格が運命なら、評判は宿命だ 101
他人が評価するのは、自信ではなくて謙虚な態度 110
誰もが心理学者だ 114
あなたよりあなたをよく知っているのは、周りの人 119
なぜ人の評判を気にしなければならないのか 123
自分を知ることは、自分を信じることよりも大切だ 129
●第3章のまとめ 136

第4章 キャリアと自信

成功する人はどこがすごいのか　138
出世にまつわる三つの嘘　139
チャンスをつかむ人がしている三つのこと　153
仕事で自信を高める方法（本当は自信は必要ないけれど）　168
●第4章のまとめ　172

第5章　社交スキルの自信と実力

人間関係の達人になる　175
プレゼン戦略としての自信　180
社交スキルに自信を持つことの落とし穴　185
自信が低いほうが人から好かれる　188
社交スキルを向上させる三つの方法　190

社交スキルは幼児体験によって決まる　195
ちょっとしたコツで人間関係の達人になれる　199
まるで本を読むように人の心を読む　201
自己プレゼンテーション　202
他人に影響を与える　208
●第5章のまとめ　219

第6章　自信がない人は健康で長生き

健康はあなたの手の中にある　222
自信は不健康につながる　227
自信がないと健康になれる　246
自信がないと長生きできる　249

健康になって自信を手に入れる　253
●第6章のまとめ　258

第7章 言うは易く行うは難し？

必要なのは、ほんの少しの意志の力（と、自信のなさ）だけ　260
自信のなさを大切に　264
不安の特効薬は成功だ　266
本物の実力を手に入れる　271
謙虚な実力者が見ている世界　274

おわりに　279
訳者あとがき　281
本文注　293

第1章

自信と実力は違う

昔から言われている決まり文句はたいてい正しいと、昔から言われている。しかし、たいていの決まり文句がそうであるように、この決まり文句もまた間違っている。

——スティーヴン・フライ（イギリスのコメディアン）

実力があるから自信もあるのだ

偉人の伝記を読むと、よく「誰よりも自信があったから成功できた」というようなことが書いてある。その一方で、才能や努力は過小評価されがちだ。まるで、ただ自分を信じる強い気持ちさえあれば、誰でも大きな成功を達成できるとでも言っているかのようだ。それに雑誌や人気ブログでも、自信さえあれば成功できるような論調が幅をきかせている。具体的な例をいくつか見てみよう［注1］。


「何をするにしても、それをする自分を好きになることが大切だ」

「自信さえあれば、どんな目標も達成することができる。しかし自信がなければ、成功する可能性はゼロだ」

「自分自身を愛していれば、完璧な人生を送ることができる」

「自信のある人は誰からも尊敬される――自信は人生でもっとも大切な資産であり、自信さえあれば幸せも成功も必ず手に入る」

「自信は誰でも手に入れることができる。そして自信があれば、人生のすべての問題は解決できる」

「自信のある人は、自信のない人に比べて成功する確率が一〇倍高くなる」


この種の考え方には、三つの大きな問題がある。第一に、そもそも自信を高めるのは簡単

［注1］グーグルで「自信　成功」で検索してみれば、同じような例が山のように出てくる。

ではないということ。もし簡単だったら、誰も自信のなさで悩んだりしないだろう。のどの渇きや空腹を癒すように、自信のなさもあっという間に解決できるはずだ。

第二に、たとえ意図的に自信を高めることができたとしても、それで成功できるわけではない。伝記作家や自称「専門家」たちの主張とは裏腹に、バラク・オバマが黒人初のアメリカ大統領になれたのは自信があったからではない。サー・リチャード・ブランソンがヴァージン・グループを創設し、実業家として大成功したのも自信があったからではないし、マドンナが三億枚のレコードを売り上げたのも自信があったからではない。マイケル・ジョーダン、モハメド・アリ、ロジャー・フェデラーが、それぞれのスポーツで絶対的な王者になれたのも自信があったからではない。

彼らのような傑出した存在は、たしかに自分に自信を持っている。しかしそれは、傑出した実力があるからだ。傑出した実力は、非凡な才能と、それを上回るほどの努力があって初めて手に入る。実際のところ、彼らの自信がその他大勢の自信と違う点は、たった一つしかない。それは、実力を正確に反映した自信であるという点だ。そこが、本物の成功者と、ただ過剰な自信があるだけで実力はない人たちとの大きな違いだ。

そして第三の問題は、おそらくいちばん深刻な問題だろう。自信さえあれば何でも達成できるという幻想のせいで、誰でも自信をつけて成功しなければならないような風潮が生まれ、それが大きなプレッシャーになっている。その結果、自信のない人は自分が悪いような気分になり、そして自信家は分不相応の大きな目標でも実現できると勘違いしてしまう。自信はあまりにも過大評価されている。そのため私たちは、自信を手に入れるためならどんなことでもするような勢いだ。「できる気になる」ことと、「実際にできる」ことを同じに扱っている。その結果、私たちの社会は、自信と自己顕示だけで中身の伴わない人間を量産することになってしまった。

自分の投稿にも「いいね！」

ナルシシズムとは、自分を非現実的なほど高く評価し、根拠のない自信であふれている状態だ――たとえば、ドナルド・トランプやパリス・ヒルトンを思い出してもらいたい。自己愛が過剰なナルシシストたちは、自己中心的で、つねに自分が誰よりも上だと思っている。他人からネガティブなことを言われてもまったく意に介さず、苦言を呈されても聞く耳を持たない。ナルシシストは他人を操るようなところがあり、自分の利益のために平気で他人を利用する［注2：見開き内に注釈がない場合は巻末の本文注を参照］。

「ナルシシスト」という言葉の語源は、ギリシャ神話に登場するナルキッソスという美少年だ。彼はいつも自分のことばかり考え、他人を思いやるということがまったくなかった。その利己的な態度を罰するために、女神ネメシスはナルキッソスを池のほとりに呼んだ。ナルキッソスは池の水面に映った自分の姿を見ると、それが自分だとは知らずにすっかり恋に落ちてしまった。この話の結末は何種類かある。一つは、水面に映った自分にキスをしようとしたときに、池に落ちて溺れて死んでしまうという結末だ。または、水面に映った自分にすっかり夢中になり、死ぬまで自分にしか興味を持たなかったという結末もある。

現代はナルシシズムの時代であり、この説を裏付ける理由はたくさんある。そもそも自信の低さが悩みの種になるのも、非現実的なまでの過剰な自信がもてはやされているからだろう。特にアメリカでは、ここ数十年の間に、ナルシシズムの度合いがどんどん高まっている。『自己愛過剰社会』（河出書房新社）の著者で、心理学者のジーン・トウェンギ[注3]は、長年にわたってアメリカで過剰な自己愛が蔓延していく状況を観察してきた。

たとえば、アメリカの数百の大学に通う四万人以上の学生に関するデータを集め、時代ごとの傾向を分析するという研究を行っている。一九五〇年代では、自分を「重要な人物」だと考える学生は全体のわずか12％だった。それが一九八〇年代になると80％にまで増えている。また、一九八二年から二〇〇六年の間だけでも、自己愛が強い傾向にある学生は、15％から25％に増えた。男女別で見ると、女子学生のほうが増加率が高かった。女性は男性よりも謙虚で控えめな傾向があると考えられていたので、これはかなり意外な結果だ。

「自信」の度合いを測る一般的な基準として用いられる「自尊感情」も、ここ数十年で飛躍的に高まっている。二〇〇六年の調査では、80％の学生が、一九八八年の平均よりも高い自尊感情を持っていることがわかった[注4]。さらに気がかりなのは、アメリカ国立衛生研究所が行った大規模な調査によると、二十代のアメリカ人の10％が、重度の自己愛傾向の症状を見せていることだ。六十代のアメリカ人では、その数はわずか３％になる[注5]。

この傾向をどう判断するかは難しい。攻撃性、欲、不安、ＩＱなど、自己愛以外の精神的な性質についてはデータがないので、自己愛の上昇と比べることができないからだ。たしかに数千年単位で見れば、人間はそれほど変わらない。

自己愛のレベルと同程度に増加しているものを他にあげるなら、肥満のレベルだろう。これは一九五〇年から二〇一〇年の間に２００％以上増加している[注6]。とはいえ肥満の場合は、自己愛と違って数値で測ることができるので、現実的な健康問題としてきちんと認識されている。一方で自尊感情のようなものは、客観的に観察して数値化することはできない。そのため自己愛の増加は、肥満の増加と比べてわかりにくい現象になっている。

自己愛が高まったことで、幸福度も上昇しているなら問題はない。しかし実際は、ポジティブな自己イメージに異常なまでに執着し、非現実的なほどに自信がありすぎる人たちが増加しただけだ。たとえば最近の風潮であるセレブ崇拝も、自己愛型人間の増加で説明できる。世界中の何百万もの人々が、パリス・ヒルトン、サイモン・コーウェル、レディー・ガガのようになりたがっている。

また、ソーシャルメディアの普及によって、誰もがちょっとしたスター気分を味わえるようにもなった。別にレディー・ガガにならなくても、朝食の写真を投稿したり、「飼い猫が病気になった」、「ジムでいい汗を流した」とつぶやいたり、スターバックスでチェックインしたりできる。唯一の違いは、あなたはレディー・ガガではないということだけだ。

現在、フェイスブックの登録者は一〇億人にのぼる。ここで、フェイスブックの友達が六〇〇人いる大学生を例に考えてみよう。彼は頻繁に何かしら投稿している。そして友達の動向をつねに監視して、自分の投稿に「いいね!」をしているか、コメントを残したか確認している(平均すると、大学生は最低でも一日に一〇回はフェイスブックのフィードをチェックする)。彼はまた、自分の情報を必要以上に明かし、かなりプライベートな写真を山のように投稿している。

はたから見るととても楽しそうだが、現実は違う。調査によると、フェイスブックに費やす時間が長くなるほど、学業成績が下がり、幸福度もむしろ低くなる。友達の投稿を見て、自分より幸せそうだと思う人は、特に幸福度が下がる傾向が強い[注7]。

この自己愛過剰の社会にあって、フェイスブックのユーザーたちは、偽りの自信と能力を手に入れることができた。彼らは「成功して自信にあふれた」自分を演出しているが、実は自分も周りの人たちも、それが幻想であることに気づいている。フェイスブックはナルシシストたちにとりわけ好かれる特徴を備えている。フェイスブックの中でたくさんの「友達」

を作り、自分のファンのようにふるまってもらえれば、本物の友達がいないという空白を埋められるからだ。

それに加えて、フェイスブックには「いいね！」ボタンしかついていない（編集部注：原書発刊当時）。他人の投稿に「いいね！」と言うことしか許されていないのだ[注8]。最近の調査によると、フェイスブックのユーザーは、フェイスブックをやっていない人よりも自己愛や自己顕示欲が強いことがわかった。その調査を行った研究者たちは、「フェイスブックの恩恵をもっとも受けているのは自己愛の強い人々だ。彼らはフェイスブックのおかげで、自己顕示欲を満たし、中身の伴わない行動に興じている」という結論を出している[注9]。

この自己愛の文化では、自分を過大評価することが普通の状態だ。しかし、誰もが自分にばかり夢中になり、他人に関心を持たずにいると、利己的で孤立した人生を送ることになる。実際に努力をして、過大な自己評価に見合うだけの中身を手に入れることにつながるのなら、自己愛も役に立つだろう。しかし現実はその正反対だ。「幻想の自分」があまりにも現実離れしているというのも、その一因になっているだろう。

[注8]ちなみにフェイスブックでは、自分の投稿にも「いいね！」することができる。ある人が冗談でこんな投稿をしていた。「なぜ自分の投稿にまで『いいね！』できるようになってるのか？　それはもちろんいいと思っているからだよ。だってオレ超おもしろいもん！　それにセクシーだし」。これが冗談でない人もたくさんいる……。

自己愛が強くなるほど、幻想の自分が現実離れしていく。そして理想が高くなるほど、「自分はそうなれない」という現実に直面したときの失望も大きくなるのだ。現に、自己愛の増加と歩調を合わせるように、ここ数十年でうつ病にかかる人の割合も着実に増加している。たとえば、一九九〇年代初めから二〇〇〇年代初めにかけて、アメリカのうつ病患者の割合は3%から7%に増加した[注10]。世界的に見ても、うつ病は身体障害の主要な原因の一つに数えられ、患者数は一億二〇〇〇万人にのぼると見積もられている[注11]。アメリカでは、男性の一〇人に一人、女性の一〇人に二人がうつ病の症状を見せている[注12]。

自信はコカ・コーラだ

キンキンに冷えたコーラが飲みたくてたまらなくなる——そんな経験は誰にでもあるだろう。しかし、コーラが飲みたいという欲求に、生物学的な裏付けはまったくない。世界中でたくさんの人が自信を欲しがっているのもそれと同じで、本当は必要ないのに欲しがっているだけだ。

とはいえ、どんなにコーラが好きな人でも、コーラが体によくないことはわかっているが（少なくとも砂糖たっぷりのオリジナルバージョンは）、それが自信となると、特に利点はないということを理解している人はほとんどいない。むしろたいていの人が自信の力を信じている。自分のことが好きで、自信があれば、どんな夢でも叶えられると思い込んでいる。そして、逆に自信がなければ、何をやってもダメだということになっているのだ。

その結果、本当は必要ない自信を欲しがる人が、世の中にあふれるようになった。ただ自信だけを手に入れて、いい気分になることだけを求めている。本当の実力や能力を身につけることはなおざりだ。たいていの人は、できるような気になることと、実際にできることを勘違いしている。

このコーラのたとえ話を使って、自己愛過剰の風潮についてもう少し考えてみよう。コカ・コーラは、現代でもっとも成功しているブランドの一つと言っていいだろう。たとえばコカ・コーラは、フェイスブックの「友達」が世界でいちばん多い［注13］。そこまで好かれるのは、黒くて甘い炭酸水を売っているからだろうか？　いや、そうではない。コーラに入っているカフェインと砂糖は、摂取するとすぐに気分がよくなるが、体にはよくない（ちなみにダイエット・コークにすれば多少は改善されるようだ）。つまりコカ・コーラというブランドは、目先の快楽に溺れるのをよしとするようなライフスタイルの象徴なのだ。ここで、

［注13］これを書いている時点で、コカ・コーラのフェイスブック・ページには四一三四万四六一九個の「いいね！」がついている。

コカ・コーラの広告コピーをふり返ってみよう［注14］。

●一九六三年：「コークがあればうまくいく」
●一九七九年：「コークを飲んで笑顔になろう」
●一九八九年：「この気持ちよさにはかなわない」

二〇一〇年、コカ・コーラはユーチューブである動画を配信した。「ハピネス・マシーン」というタイトルで、実在の大学に設置されたコーラの自動販売機が登場する。この自販機には細工がしてあり、コーラを買うと、無料のコーラや、花束、サンドウィッチといったプレゼントが出てくるようになっている。プレゼントを受け取った学生たちの様子を隠しカメラで撮影したその動画は、再生回数があっという間に三〇〇万回を超えた。「楽しい」「嬉しい」といった「いい気分」が、依然としてコカ・コーラのDNAの中心的な存在であることを主張しているようだ。

「ハピネス・マシーン」の動画はその後も三〇種類ほどが作られ、そしてオリジナルの発表から一年後、今度は「ハピネス・トラック」という動画が発表された。撮影場所はブラジルのリオデジャネイロだ。今度の動画に登場するのは、自販機ではなくコカ・コーラのロゴが入った赤いトラックで、オリジナルよりもさらに楽しいものをプレゼントしてくれる——たとえば、サッカーボール、ビーチボール、それにサーフボードまであった。そしてもちろん、無料のコークももらえる。

コーラが健康によくないことは、今となっては誰でも知っているが、それでも世界中でたくさんの人がコーラを大量に消費している。消費量はむしろ増えているくらいだ。そしてコーラの消費の増加に呼応して、同じように「即席の快楽」を提供してくれる他の商品への需要も増えている。

たとえばテレビの視聴は、ここ五十年で飛躍的に増加した。アメリカを例にとると、平均的な家庭が一日にテレビをつけている時間は七時間だ［注15］。アメリカ全体では、一年で二五〇〇億時間テレビを見ていることになる。これと同じ時間を労働にあてると、たとえ最低賃金でも一兆二五〇〇億ドルの収入だ。それだけの経済成長が、テレビの視聴によって失われたという計算になる。また、アメリカの平均的なティーンエイジャーを見てみると、学校で過ごす時間が一年で九〇〇時間であるのに対し、テレビを見る時間は一五〇〇時間だ。それ

［注14］コカ・コーラの広告戦略の裏にいる天才たちは、この自己愛過剰社会ではみんなが自分をよく思いたがっているということを知っている。そのおかげでコークは世界でもっとも有名なブランドになれた。全世界の人口の94％がコークのロゴを知っている。こんなに人気があるのは本当においしいからだと思うかもしれないが、しかしペプシの味はそこまでコークより落ちるだろうか？　コークの成功は、あると言われている秘密のレシピのおかげではない。巧妙なブランド戦略と、人々の自己愛を刺激する術に長けているからだ。

なのに、ほとんどのアメリカ人は、自分がテレビの見過ぎだとは思っていない。

また、ここ数十年は、自己啓発マーケットが急激に成長した時期でもある。自己啓発の本、CD、セミナー、ワークショップなどが次々と登場し、自信を高めるさまざまな方法が提唱されてきた。二〇〇五年から、リーマン・ショックの起こった二〇〇八年にかけて、自己啓発関連の消費は14％近くも増加した[注16]。自己啓発業界はそれ以降もさらに成長を続け、現時点では一一〇億ドル規模の市場になっている[注17]。

自己啓発関連の商品の大部分は、「自信を高めれば問題は解決する」という考え方が前提になっている。しかし、自己啓発の効果については、たしかな証拠や裏付けはほとんど存在しない。二〇〇五年、自己啓発業界を丹念に調査し、批判を加えた本が出版された。ジャーナリストのスティーヴ・サレルノが書いた『SHAM：自己啓発ブームの嘘を暴く（SHAM：How the Self-Help Movement Made America Helpless)』だ。

この本によると、自己啓発関連の消費者の80％は「リピート客」だという。彼らは大量の自己啓発関連商品を購入し、消費している[注18]。この現象は、『自己愛過剰社会』の著者であるトウェンギ博士が言っていた「自己愛の増加はうつ病の増加と呼応している」という説とも一致していると言えるだろう。

自己啓発本もコカ・コーラと同じだ。中毒性があり、即席の「いい気分」を提供してくれる。そしてコーラが体によくないのと同じように、自分の気持ちにばかりこだわっているのも、長い目で見れば有害だ。「自信を持て」「自分を好きになれ」というメッセージばかりにさらされていると、自分の自信や能力に過大な期待を寄せてしまうようになる。

「自信を持て」と言われるほど、自信が持てないときの気分の落ち込みは大きくなる。自信があれば実力はついてくると思い込もうとすればするほど、自信だけではダメだったときの失望は大きい――または、失望を避けるために、自分の能力のなさから目を背けようとする。その結果は、悪循環だ。自分への期待が高くなりすぎ、現実に直面して落ち込み、自己啓発に救いを求め、その結果ますます自分への期待が高くなる。

「自信」と「実力」は別物だ。自信を高めたからといって、それだけで実力がつくわけではない。あなたは自信を高めたいと思っているかもしれないが、本当に必要なものは自信ではなく実力だ。自信を高めることで、実際に成功したり、能力が高まったりするのなら、自信を高めることに意味はあるだろう。しかし、自信が実力につながるという証拠はまったく存在しない。

自信は実力につながらない

ここまで見てきたように、自信と実力の間にこれといった関係はない。自信と実力の関係はとても小さいということを、数字で証明してみよう。

自信と実力の相関関係を数字で表すと（この数字を「相関係数」という）、平均しておよそ〇・三だ［注19］。〇・三という数字から何が読み取れるのだろうか？　たとえば、自信のある人に出会い、その人に実際に能力があるかどうか知りたいとする。何のヒントもなく、実力が「ある」か「ない」かを当てるだけなら、当たる確率は50％だ。しかしここで、「自信」をヒントにすると、当たる確率を65％に上げることができる［注20］。相関係数〇・三は、その程度の相関関係ということだ。

また、相関関係がどんなに大きくても、因果関係があるという証拠にはならない。実際のところ、自信と実力の関係について調べた科学的な研究のうち、もっとも広く引用されているものでも、実力の評価が主観的だ。たとえば、スポーツ界における自信と実力の関係について調べるとしよう。アスリートに次の文を読んでもらい、自分に当てはまるかどうか答えてもらう。

（自信のレベルを調べる質問）→「私は優秀なアスリートだ」
（実力のレベルを調べる質問）→「私は優秀なアスリートだ」

どちらも同じ文ではないかと思った人は、学者とは思考回路が違うということだ（おめでとうございます！）。普通の考え方、つまり学者的ではない考え方では、実力を自己申告で判断するのはおかしいとなる。それは本物の実力ではなく、自分の実力を自分ではどう評価するかの話であって、そしてもちろん、その人の自信のレベルで答えは違ってくる。

ある人物の自信と実力を自己申告に基づいて判断すると、存在しないはずの相関関係ができあがってしまう。つまり、自分は自信があると考えている人は、自分の能力についても高く評価しているものであり、その逆も同じだろう。心理学者で、自尊感情の研究の第一人者であるロイ・バウマイスターは次のように言っている。「自分を高く評価する傾向のある人は、自尊感情だけでなく、他のどんな分野でも自己評価が高い。自分に自信がある人は、人間関係、外見、勉強や仕事などにおいても自己評価が高く、問題行動も起こさないと考えている」[注21]。

自信と実力の相関関係をもっと正確に調べたいと思うなら、自己申告ではなく、客観的なデータを使って実力を評価するべきだ。

心理学者のエド・ディーナーのチームが、そんな研究を行っている[注22]。ディーナーらは、

[注20] 相関係数がゼロのときは、Aが起こったときにBが起こる確率――たとえば、自信があれば実力もある確率――は50％だ。相関係数からパーセンテージを算出する方法は、相関係数の小数点以下二桁を二で割り、その数字を基本である50％に足す。自信と実力の相関係数は〇・三なので、自信があれば実力もある確率は、三〇を二で割って一五。その一五を五〇に足して65％だ。

まず被験者の学生の写真を撮る。それから彼らに自分の外見を評価してもらい、さらに全般的な自信の高さについて尋ねた。次に、客観的な第三者の立場にある人たちに学生の写真を見せ、外見を評価してもらう。その判定の平均点を、学生それぞれの「外見の点数」とする。この数字は客観的な評価であり、本人の自己評価の影響を受けていない。

従来の自信に関する研究では、自信の高さも外見のよし悪しも、すべて被験者の自己評価で判定していた。その結果、相関係数はほぼ〇・六になる。この数字が何を意味するのかというと、外見がよければ、自信がある確率は80％になり、外見に魅力がなければ自信がない確率は同じく80％になるということだ。

しかし、ディーナー博士の研究チームは、被験者の外見に対する「客観的な」評価と、自己申告による自信の高さの間にある相関係数を計算した。その結果はゼロだ。つまり、外見に魅力があろうとなかろうと、自信家になる確率は半々ということになる。つまり、「自信がある人は外見も魅力的」という説は、本人がそう思っているだけということだ[注23]。

外見以外の分野の研究でも、ディーナー博士のチームと同じような結果になった。実力や能力を客観的に評価すると、実力と自信の間に相関関係が認められなくなる。この結果からまずわかるのは、自信と実力はまったく別物だということだ。

さらには、実力がないのに実力があると自己評価している人が、たくさんいるということもわかるだろう。どうやら「根拠のない自信」というのは、人間にごくありがちな勘違いであるようだ。

自信のある人はたいてい勘違いしている

何か難しいもの、たとえば代数などについて、どれくらい得意か尋ねられたとしよう。たいていの人は、平均より上だと答えるはずだ。そしてもちろん、大多数の人が平均より上になるのは不可能だ。この「自分は平均より上だ」という思い込みは、自分をよく思いたいという無意識の欲求から来ている。この欲求はたいていの人が持っているだろう。実際、自分の能力を過大評価しないのは、自信のない人だけだ。つまり、もしあなたが「平均より上」という幻想を持っていないのなら、ほとんどの人よりも勘違いが少ないということになる。

驚くべきことに、この「自分は平均より上」という勘違いは、あらゆる分野で見ることができる。たとえば、ほとんどの人が、自分の記憶力は平均より上だと考えている[注24]。健康状態でも同じだ[注25]。また、ほとんどの管理職は、自分はリーダーとしてもビジネスパーソンとしても平均より上だと考えている[注26]。サッカー選手などのプロアスリートも、自分の能力は平均より上だと評価している[注27]。そして私たちのほとんどが、自分と恋人との関係は平均より上だと考えている[注28]。

この「平均より上」バイアスが、特に顕著に見られる分野がある。たとえば、車の運転の能力に関しては、90％の人が自分は平均より上だと考えている［注29］。高校生の90％は、自分の社交スキルは平均より上だと考えている［注30］。そして大学教授のほぼ１００％が、自分の教える技術は平均より上だと考えている［注31］。

もちろん、平均より上という自己評価が正しい人も中にはいるだろう。しかしたいていの人は、自分の実力を過大評価している――そもそも、90％から１００％の人が平均より上になるのは不可能だ。原則的に、平均より上の人と下の人の数はだいたい半々になるからだ［注32］。それに加えて、自分を「平均より下」と評価した人たちの中にも、実際は平均より上の人だっているはずだ。その事実を考慮すると、「平均より上」と評価した人たちの勘違いっぷりがさらに明らかになる。

この「平均より上」という評価が勘違いであることが、もっとも明らかになる調査結果がある。それは、ほとんどの人が、自分は平均よりもバイアスが少ないと考えているということだ［注33］。この点については、プリンストン大学で心理学を教えるエミリー・プロニンが詳しい研究を行っている。研究の中で、プロニン博士は、バイアスについての一般的な説明文を被験者に読んでもらっている。たとえば次のような説明だ。

心理学の研究によると、学力や仕事の能力を自己評価するとき、たいていの人は自分の利益になるような考え方をするという。つまりどういうことかというと、成功した場合は自分の手柄だと考え、失敗した場合は自分のせいではないと考えるということだ。成功すると、自分の能力が高かったから、または努力したからなどと考え、逆に失敗すると、上司が自分にふさわしくない仕事をやらせたからだ、先生の教え方が悪かったからだなどと考え、外側の要因に責任を転嫁する［注34］。

説明を読んだ被験者は、今度は自分がこれにどれくらい当てはまるかを考える。たいていの人に当てはまるバイアスだと言われていても、被験者の大部分は、アメリカ人の平均に比べて自分はバイアスが少ないと答えるという。プロニン博士はこの結果を受けて、次のように結論している——たとえバイアスの存在を知っていて、そのバイアスがたいていの人に当てはまるということまで知っていても、自分もまたそのバイアスの影響を受けていると自覚できるわけではない。

［注32］もちろん、ほとんどの人が平均より上になるケースもまったくないわけではない。たとえば、ほとんどの人が平均より足の本数が多い。少数ではあるが、足が一本の人、または足のない人がいるために、平均が二本より少なくなるからだ。また、これとは逆のケースで、ほとんどの人が平均より下になることもある。この一般的な例が収入だ。たいていの人が平均より収入が低い。ごく一部の超高収入の人が平均を押し上げているからだ。とはいえ、たいていのケースで平均値はだいたい中央値と同じくらいになっている。

実際に、実験の被験者たちは、たとえバイアスについての説明を受けていても、自分の能力を評価するときも、またはある特定の成功や失敗の要因を考えるときも、自分にバイアスがあることを認めようとはしなかった[注35]。

この「平均より上」というバイアスが勘違いであることは、実力を客観的に評価するとよりはっきりする。私は同僚と共同で、能力に対する自己評価と客観的な評価の関係について大規模な調査を行った。調査の方法はごく単純だ。被験者は、自分の能力(知能指数、創造性、数学能力、社交スキルなど)が平均と比べてどれくらいか自己評価する。

たとえばＩＱを評価してもらう場合、平均は一〇〇であり、頭のいい人は一一五、かなり頭のいい人は一三〇、そして一四五になると天才レベルだと事前に説明しておく。そして自己評価が終わったら、今度は実際にＩＱテストを受けてもらう。たいていの被験者は自分を平均より上だと評価するが、自己評価と実際のテストの結果の相関係数は〇・二未満になる。つまり、自分の能力を正しく評価できている人はほとんどいないということだ。

無知は幸いならず

「平均より上」バイアスは、世間によくある「過大な自己評価」のほんの一例にすぎない。そもそもたいていの人は、普段から自分にとって都合がいいように現実をゆがめているものだ。それもこれも、自分をよく思いたいという切実な欲求があるためである。ユニヴァーシティ・カレッジ・ロンドンの神経科学者、タリ・シャロットは次のように書いている。

明日、来週、または五十年後に自分に起こることを予想する場合、私たちはいいことが起こる確率を過大評価し、悪いことが起こる確率を過小評価する傾向がある。(中略)この現象は「楽観主義バイアス」と呼ばれ、心理学の世界では、もっとも広く見られる強固なバイアスの一つである[注36]。

夢を見るのはいいことではないかと考える人もいるかもしれない。もちろん、「コップに半分も水が入っている」という考え方のほうが、未来に明るい希望が持てるし、人生に対しても前向きになれるだろう。しかし、現実離れした楽観主義のせいで、正しく未来を予測する能力が失われ、そのために必要な準備ができなくなってしまうこともある。たとえば、次のようなケースを考えてみよう。

●一九六〇年代、ほとんどの人は喫煙が肺ガンの原因になることを知らなかった。タバコの害を適切に知らせるためのキャンペーンが始まると、喫煙率は大幅に低下した。アメリカでは、一九六〇年には大人のほぼ二人に一人が喫煙者だったが、五十年後には五人に一人に激減している。嫌煙運動がもっとも盛んだったカリフォルニア州では、喫煙率の低下が全米一であり、肺ガンの発病率も他のどの州より25％も低い[注37]。

●運動不足と加工食品の食べすぎは体に悪いという知識が一般に広まり、ここ十年でスポーツジム、自然食品、健康グッズなどの人気が高まった[注38]。健康志向が一般的になったわけではないが、それでも私たちは、昔に比べればずっと健康を意識するようになっている。その結果、いずれ医療費が削減され、健康で長生きできるようになるだろう。

●環境汚染の実態が広く知られるようになった結果、人々はより環境に配慮した生活を心がけるようになった。アカデミー賞を獲得したドキュメンタリー映画、『不都合な真実』が公開されると、多くの人が地球温暖化という深刻な問題の存在を知ることになった。内容的にはまるで世界の破滅を予言するかのような映画だったが、それでも人々の意識を環境に向けさせ、リサイクル活動の普及や環境汚染の削減など、前向きな変化を起こすきっかけになった。

つまり、真実はたいていつらいものだが、真実を無視しているほうがもっとつらい結果になるということだ。目先のことだけを考えれば、自信過剰のほうがいいように思えるかもしれない（自信を持つ対象が、健康や地球温暖化といった現象であっても、または自分自身の能力であっても）。しかし最終的には、自分の限界、特に弱点を認めたほうが、適切な対処をして問題を最小限に食い止めることができる。

心理学の研究によると、楽観主義や根拠のない自信が本人の利益になることはめったにない。たとえば、カリフォルニア大学バークレー校のランドール・コルヴィンらの研究チームは、自信過剰と、自分の能力の過大評価がさまざまな分野の能力に与える影響について、三つの心理学的な調査を行った。最初の調査では、一三〇人の十八歳の学生（男女同数）を被験者にして、各自の能力に対する自己評価と、正式な訓練を受けた第三者による客観的な評価の比較を行った。たとえば、第三者の評価よりも、自分はチャーミングである、または頭がいいと自己評価した学生は、「過大評価」のグループに分類される。逆に、第三者の評価が自己評価よりも高かった学生は「過小評価」のグループだ。

五年後、コルヴィン博士のチームは、二十三歳になった同じ被験者を対象に、さまざまな能力について再び評価を行った。今回の第三者は前回とは違う人たちであり、やはりそれぞれの分野できちんと訓練を受けた判定士だ。前回の結果については何も知らされていない。データの分析は男女に分けて行われた。これは自信と性差の関係について調べるためだ(一般的に、男性のほうが女性より自信が高いとされている)。

その結果、十八歳の調査で「過大評価」のグループに入れられた男性は、二十三歳の調査で第三者からネガティブな評価を受けた。たとえば、「人を欺く」「信用できない」「ずるい」などの評価だ。一方で、「過小評価」のグループに分類された男性は、第三者から「賢い」「率直」「信頼できる」など、ポジティブな評価を受けている。つまり男性にとって、自信過剰は社会生活のうえで一種のハンディキャップになるということだ。

女性の場合は、十八歳で「過大評価」のグループに入れられた人たちは、二十三歳のときは「ナルシシストの傾向がある」と評価されることが多かった(そのときによく使われる表現は、「自分を魅力的だと思っている」「自分はセックスアピールがあると思っている」などだ)。反対に十八歳で「過小評価」のグループだった女性は、二十三歳の調査では第三者から「興味深い」「賢い」「内省的」と評価されることが多かった[注39]。

二つ目の調査では、二十三歳のときに「過大評価」に分類された人を対象に、彼らが十八歳のときに友人、知人、訓練を受けた第三者の判定士からどのように評価されていたかを調べた。この調査の目的は、自信過剰な人の心理的な特徴を探り出し、彼らが他者からどのように見られているか理解することだ。

調査の結果は、一つ目の調査の結果をさらに裏付ける形となった。二十三歳の時点で自信過剰な人たちは、自分を過小評価する人たちに比べて、十八歳のときもネガティブな評価を受けていたことが判明した。二十三歳の時点で「過大評価」に分類された人たちは「攻撃的」と評されることが多く、中でも男性は、周りの人を見下すような態度を取ると評価された。一方で、二十三歳の時点で「過小評価」の人たちは、十八歳のときはもっとポジティブな評価を受けていた――「人の気持ちがわかる」「思いやりがある」「献身的」などだ[注40]。

そして最後になる三つ目の調査では、「過大評価」の人と「過小評価」の人の社会生活を比較することで、自信過剰がもたらす短期的な影響について調べた。この調査では、被験者(男子学生と女子学生それぞれ七〇人ずつ)の行動を撮影している。また、すべての被験者に自分の性格について自己評価してもらうとともに、他の二人の被験者にも評価してもらう。こうすれば、自己評価と他者による評価の中身を比較することができ、また人と交流する様子を撮影した映像とも照らし合わせ、それぞれの評価との関係を調べることができる。

ここでの結果も、前の二つの調査と同じだった。自分を過大評価している人たちは、他者からはネガティブな評価を受けている。自分を過小評価している人たちの場合も前の調査と同じで、より優れた社交スキルを持っているという結果になった。つまり、自分に対する過大評価は、優れた社交スキルを身につけることにはつながらないということだ。むしろその逆で、自分に自信を持つことで短期的にはいい気分になれるかもしれないが、結果的に社交スキルは損なわれている［注41］。

コルヴィン博士の調査結果が意味するところは明らかだ。世間でよく言われていることとは裏腹に、自分に自信がありすぎるのは、自信がなさすぎるよりも、むしろマイナス面が大きいのである。そして自分を過大評価するのは、ただ勘違いしているというだけでなく、社会生活を送るうえでハンディキャップを背負うことにもなる。

まとめると、数多くの研究が証明しているように、自分に自信を持つと成功できるという世間の常識は、実は間違っているということだ。「自信がある」と「実力がある」の間には、大きなギャップが存在するのである。

自信は現実から目をそらすための魔薬

次の文をよく読んでみよう。

「キリスト教徒である私は、不当に扱われるのを甘んじて受け入れる義務はないが、真実と正義のために闘う義務はある」

「憎んではいけない。憎しみの感情を持つと、公正さが失われ、視野が狭くなり、すべての思考の扉が閉ざされてしまうからだ」
「私のもっとも大きな望みは、わが国民が、他者を羨むものが何もないような生活を、一刻も早く手に入れることだ。そして私にとってもっとも大きな喜びは、この望みを現実にするために精力的に働くことであり、その過程で生まれる喜びも悲しみもわが国民と分かち合うことだ」

どれもいい言葉だと思うだろう。たしかに道徳的に立派な内容であることは間違いない。しかし、一つ目はアドルフ・ヒトラーの言葉であり、二つ目はサダム・フセイン、そして三つ目は金正日の言葉だ。独裁者というものは、たいてい自分は道徳的に立派な人物であり、自分の使命は世界をよりよい場所にすることだと信じている。この三人も例外ではない――ちなみに、サイコパスも同じような特徴を持っている。

ここまで極端ではなく、そのためありがたいことに害も少ない勘違いなら、一般人の中にも見ることができるだろう。「自分はいい人だと思うか」と尋ねられ、「はい」と答える人は、決して嘘は言っていない。少なくともその人物の中では本当のことだ。しかし、先ほどの三つの引用からもわかるように、自分をいい人間だと思うことと、実際にいい人間であることは、まったく別物なのである。

歴史をふり返れば、自分の嘘を完全に信じ込んでいるような人物がたくさん登場する。何人か例をあげて考えてみよう。

元イギリス首相のトニー・ブレアは、イラク侵攻を決断したことについてはまったく後悔していないと言っている。なぜなら、独裁者を排除するという「道義的な目的のために行った」からだ。彼はおそらく、本当のことを言っているのだろう。しかしそれは、彼にとっての「本当のこと」であり、ただそう信じたいだけだ。そうでないと、自分が深刻な間違いを犯したことを認めなければならなくなる。

イラク戦争は、たくさんの無実の人々の命を奪っただけでなく（しかも、国際情勢はまるで改善されていない）、ブレアにとっては政治の世界から一切身を引くきっかけにもなった。イラク侵攻を正当化するために使っていた情報が実は間違っていて、捏造された証拠に基づいていたと判明したからだ。

次はビル・クリントンだ。アメリカ国民に向かって「あの女性と肉体関係は持っていない」と言ったとき（あの女性とは、ホワイトハウス実習生だったモニカ・ルインスキーだ）、彼もまた、「自分にとっての」真実を語っていた。オーラルセックスは肉体関係のうちに入らないとすれば、彼の言い分は正しいのかもしれない。クリントンは後に、ルインスキーと関係を持ったと認めることになる。しかしそれも、あんな苦しい言い訳でアメリカ国民が納得するわけがなかったからだ。クリントンは、自分自身はだませたかもしれないが、国民をだますことはできなかった。

虚構の世界を信じてしまう傾向がもっとも強いのは、やはり有名人と政治家だろう。そもそも彼らは、平均よりも自己愛が強いからだ。進化生物学者のロバート・トリヴァースが、『愚か者の愚行（The Folly of Fools）』というすばらしい本の中でも言っているように、もっとも悪質な嘘つきほど、嘘をついているという自覚がないものだ[注42]。しかしだからと言って、私腹を肥やそうとするあまり、世界経済を大混乱に陥れるような政治家や銀行家が免罪されるわけではない。それは、道義的に無責任な行動を取る人たちや、周囲に害を及ぼすような人たちも同じだ。

自分で自分をだます自己欺瞞は、本人にとっても有害だ。それは心理学の研究でも証明されている。自己欺瞞に陥るのは、なにも政治家やセレブや銀行家だけに限られているわけではない。たとえば、カリフォルニア大学ロサンゼルス校のキャスリーン・ホフマン・ランバードとトレイシー・マンが、次のような実験を行っている[注43]。

ランバードとマンは、ＩＱテストを行うと言って被験者を集めた。そして被験者の自己評価についてのデータを集めると、偽のＩＱテストを実施した。テストが終わると、被験者は「不合格」「高得点」などの結果を渡される。結果は偽物であり、誰にどんな結果を渡すかはランダムに選んだ。

次に、被験者は二度目のＩＱテストを受けるように言われる。しかし今回は、テストを受ける前に二十分の勉強時間を与え、さらに自分の点数を予想してもらっている。実験の結果、自己評価が低かった人ほど自分の点数を正確に予想し、テストの点数もいいことがわかった。それに加えて、自己評価が高い人が最初のテストでネガティブな結果を受け取った場合、二度目のテストの結果予想が実際よりもかなり高くなり、実際の結果は他と比べてかなり悪かった。

ここからわかるのは、自信過剰な人は自己防衛の傾向が強いということだ。他人から受けたネガティブな評価と、自己評価が一致しないとき、彼らは他人の評価を無視することを選ぶ。そして自分を納得させるために、自己評価をさらに引き上げるのである。この偽りの自信によって、テストの点数を予想するとき、実力よりもかなり高い点数を予想することになる。そして、実際のテストで点数が悪かったという事実から、彼らがネガティブなフィードバックを素直に受け入れられなかったということがわかる（それに気を取られ、テストに集中できなかったということだ）。

この実験からわかるのはこういうことだ――逆境に立たされたとき、無理に自信を高めることで逆境を乗り切ろうとする人は、現実が見えなくなるだけでなく、普段よりも能力が落ちてしまう。

自己防衛の傾向が強く、自分を過大評価していると、自分に嘘をつくことになるのだろうか。それを調べるために、ブリティッシュ・コロンビア大学のデルロイ・ポーラスは、「過大申告度」を測るテストを作った。この「過大申告」とは、架空の話題について知っていると主張する傾向のことだ。

テストは一般常識を問う形で行われる。いくつかのトピックをリストにし、それについて知っていることを答えてもらうのだ。リストの中には、「コラリン」「ウルトラリピッド」「視差のプレート」といった架空の言葉も含まれている。そしてテストの結果をもとに、それぞれの被験者の「過大申告度」を割り出して点数をつけた。その点数を今度は、自己愛と、意図的な異化（自分について実際とは違う印象を与えようとすること）と関連づける。

数百人の被験者を使って三回テストを行ったところ、過大申告の人は、自己愛の傾向が強く、意図的な異化は行っていないという結果になった。つまり、自分を実際よりよく見せようとしているが、本人はそれを自覚していないということだ。彼らが欺いているのは、他人ではなくむしろ自分自身である（このテストは完全に匿名で行っているので、嘘をつく理由はない）。

ポーラス博士のチームは次のように結論づけている――「自分しか観客のいない場面では、過大申告が意図的な異化である可能性は低いだろう。日常的に知ったかぶりをするような人は、自分に知識があると本気で信じている。（中略）この結果からもわかるように、プレッシャーの少ない場面で自分の知識を過大に申告するのは、意図的な行為ではなく、むしろ自分自身がだまされているのである」［注44］

つまり、自信が大きくなるほど、自分をだます傾向が強くなるということだ。トニー・ブレア、ビル・クリントン、それに先の金融危機の原因を作った銀行家たちのことを思い出してみよう……。

あなたはもしかしたら、こんなことを考えているかもしれない——自信過剰の人、自己評価が異常に高い人がそんなにたくさんいるなら、なぜ自分は違うのだろう？　自分だって、さまざまな分野で自分の能力を過大評価したり、人よりも能力があると自信を持ったりしてもいいのではないか、と。

その疑問に、科学的な根拠から簡潔に答えるとしたら、それはあなたが彼らよりも内省的な人間だからだ、ということになる。高い自信に見合った実力のある人もたしかに存在するが、実際のところ自信家の大半は、自分の実力を勘違いしている。一方で自信の低い人は、自分の実力が低いことをきちんと理解している。自分の限界、自分に足りない点を自覚し、現実の正しい姿を見ているということだ。彼らはつらい現実から目をそらしていない。

実力があることと、実力があると思うこととは違う。そのギャップを埋めるには、自分の実力を正しく評価するか、または自信に見合った実力を手に入れるしかない。そして、自信家ほどギャップが大きくなり、自信が低いほどギャップは小さくなる。

［実力を高める］
自信と実力のサイクル

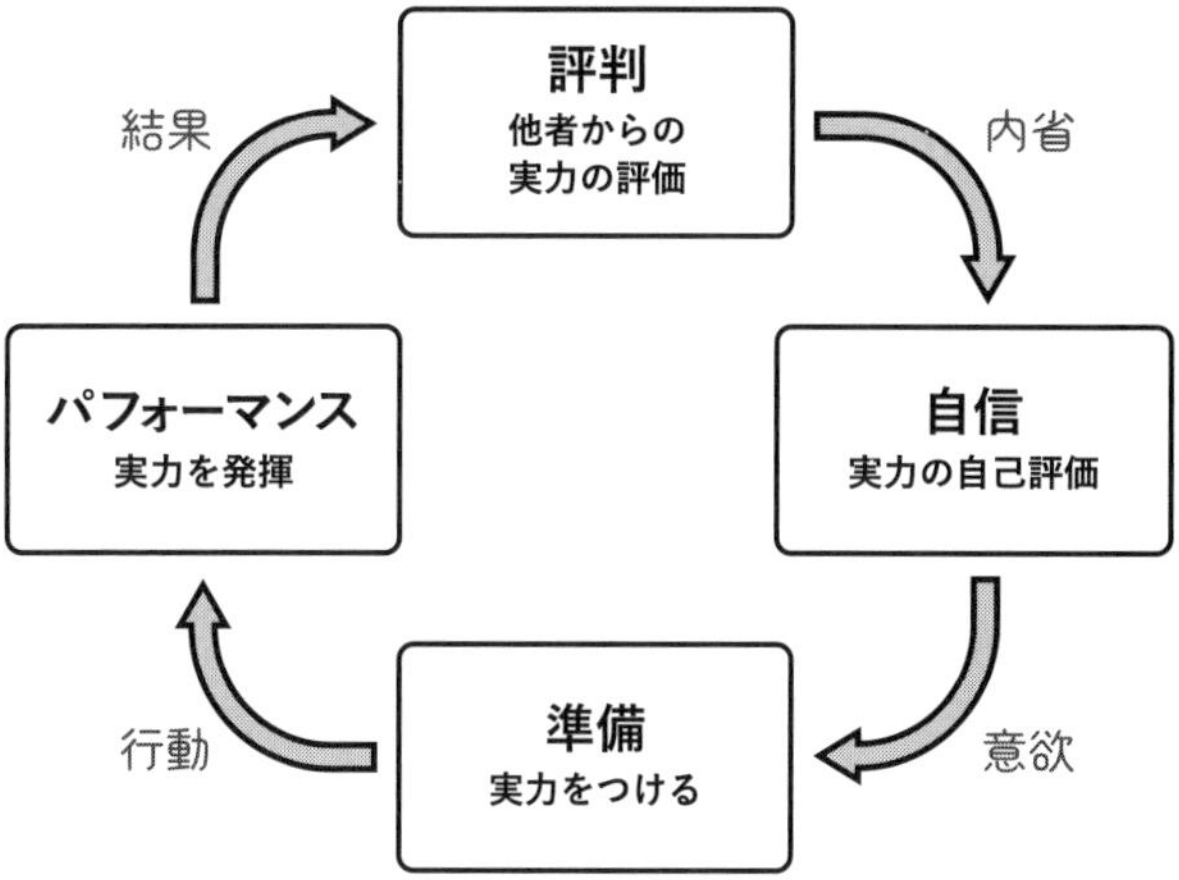

「実力をつける→自信がつく」のが正しい道

上の図は、「自信と実力のサイクル」を表している。自信の低い状態から、高い実力を身につけるまでの流れだ。

　この図についての詳しいことは、読みすすめていくうちにわかるだろう。その過程で、自信を高める正しい方法についても理解してもらえれば幸いだ。

　その正しい方法とは、単純に実力をつけることだ。キャリアアップを目指している人も、社交生活や健康面で自信をつけたいと思っている人も、方法はすべて同じだ。目に見える形で実力を高めるか、または他者からの評価を高めるしかない。

自信をつけたいと思っている分野が何であっても、その分野で実際に能力を高めれば、パフォーマンスが向上し、それにつれて他者からの評価も高まる。そして他者から評価されることで、自信が強固なものになる。これがあなたの目指す道だ。この段階に到達すれば、目標達成である。

ただし、あまり自己満足に陥らないよう注意が必要だ。自分の実力に満足しすぎると（そして、自信が高くなりすぎると）、自信と実力のサイクルで逆の方向に進んでしまうだろう。自信過剰の人は、準備を怠るようになり、その結果として実力も下がり、頼りになるのは自信だけという状態になる。そうなると、本物の実力を評価されるのではなく、見せかけの実力で他者からの評価を得なければならなくなる。こんな状態に陥らずに、もっと健全な道を進むには、自己満足の罠にはまらないようにすることが大切だ。欠点や弱点を克服し、長所をさらに強化するために、つねに努力をしなければならない。

うつ状態は実力を高める絶好のチャンス

自分に自信がない人は、自信過剰な人よりも、他者からの厳しい評価を求める傾向がある。

これは、数多くの心理学の研究で証明されている事実だ。たとえば、自己主張が強くない人ほど、自分に対して批判的な人と付き合うことを好む傾向がある。自分を褒める人が周りにいても、あえて自分に厳しい人を選んでいるのだ。この現象は「自己肯定化」と呼ばれている。彼らが求めているのは「正しい現実」であり、いわゆる自信家の人たちが現実をゆがめて解釈しているのとは正反対の姿勢だ。

それに、自己肯定化と自信過剰では、まったく違う結果につながる。自分を過大評価する人は、自信は持てるかもしれないが、現実を正しく認識することはできない。一方で自分を厳しく評価する人は、たしかに自信がなくてつらい思いをするかもしれないが、現実を正しく認識することができる。そして当然ながら、自分に厳しい人は、自信過剰な人よりも、実力を高めるために努力する。うつ病のような極端なケースでもそれは変わらない。

気分の落ち込みにも、何か心理的に重要な役割があるかもしれないと考えたことはあるだろうか？　その可能性については、進化論的な観点から考察されてきた。つまり、うつ状態になるのは、現実の問題に対処するための一つの手段だというのである。

たとえば、人はうつ状態になると、小さなことがどうでもよくなる。その結果、普通なら楽しいちょっとしたこと（パーティへ行く、アップビートの曲を聴く、コメディ映画を観る、デートをするなど）に楽しみを見いだせなくなる。これはうつ病の典型的な症状だ。

つまり人類は、うつ状態になることで、余計なことに気を散らさずに、難しい問題だけに集中することができるように進化したのだ。頭を使わなければならない問題、集中力が必要な問題は、特にうつ状態が助けになる。体に病原菌が入り込むと、発熱によって問題に対処しようとするのと同じように、うつ病もまた、脳が難しい問題に対処しようとしている結果なのだ。愛する人を失う、楽しい休暇の終わり、失敗、失望といった事態と、折り合いをつけようとしている。つまり私たちは、うつ状態のおかげで、ネガティブな出来事に対処し、この先同じようなつらい経験をくり返さないように準備ができるというわけだ［注45］。

このように、うつ病には進化上の大切な役割があるのだが、うつの症状を躍起になって消そうとするのが最近の風潮だ。たとえばアメリカの場合、もっとも多く飲まれている薬は抗うつ剤だ。うつ病の診断を受けていなくても、実に10％の人が日常的に抗うつ剤を飲んでいる。ある調査によると、抗うつ剤の売り上げはここ二十年で200％も伸びたという。薬の消費が増えると、依存症の人も増える。その結果、うつ病患者の率も、抗うつ剤の消費とほぼ同じくらい増える結果になった。

つまり現代人は、ネガティブな自己イメージを拒否し、自信のなさから目を背けるあまり、何百万年にもわたる進化で培ってきた「対処するスキル」を失っているのかもしれない。私たちは、甘やかされすぎた結果、不快な感情や失敗と向き合うことができなくなっているのだろうか。

進化とうつ病の関係について革新的な発見をした二人の心理学者、ポール・アンドリューズとアンディ・トムソンは、次のように言っている。「抗うつ剤を処方して治療することを重視する最近の風潮は、痛みをすぐに消したいという本能的な欲求から生まれている。しかし、心の痛みに耐え、むしろ自分の利益になるように活用する方法を学ぶことが、もしかしたらうつ病が存在する進化的な理由なのかもしれない。哲学の世界では、つらい経験が成長の糧になり、自分自身や人生の問題に対する洞察を深めるきっかけになるという考え方が昔から存在するが、これもうつ病の進化上の役割と関係があるのかもしれない」[注46]

ここでアンドリューズとトムソンが言っている哲学的な伝統とは、ストア主義のことだ。ストア主義は古代ギリシャを起源とする哲学の一派で、自分を厳しく律する禁欲主義が特徴だ。現代の「自分大好き」の風潮とは違い、ストア主義は、快楽ではなく真実を追究せよと教えている。古代ローマでもっとも影響力のあったストア派の哲学者、ルキウス・セネカは、「不幸を勇気で乗り越えることができる人間ほど、尊敬を集める存在はない」と言っている。ストア主義の教えでは、ポジティブな感情ばかり追い求めるのは、むしろ自分にとって害に

［注45］現に、傑出した成功者にはうつ病の人が多い。たとえば、ウディ・アレン、チャールズ・ディケンズ、フョードル・ドストエフスキー、ハリソン・フォード、ミケランジェロなどは、うつ病を経験したと言われている。また、同じくうつ病だったと言われているフリードリヒ・ニーチェは、「私を殺さないものは、私を強くする」という有名な言葉を残した。うつ病の効果をよく表した言葉だ！

なるのだ。

つまり、気分が落ち込んだり、自信を失ったりしても、絶望する必要はないということだ。むしろそれは、自分を高める絶好のチャンスになる(唯一のチャンスではないにしても)。

ここでは、次のことだけを覚えておけばいい——自信があるから成長できるのではなく、実力があるから成長できるのだ。実際、逆境を受け入れるほうが、逆境から目を背けるよりも、ずっと成長の糧になる。ストア主義で昔から言われているように、人は苦痛、涙、傷心によって強くなるのだ。

根拠のない自信から本物の実力へ

それでは、もっと実力を高めたい場合はどうすればいいのだろうか。それは、世間の常識とは正反対の方法、つまり自信を低くすることだ。

自信過剰の人は現実から目を背け、その結果として成長もできないが、自信のない人は自分を正しく評価し、成長につなげている。自信がないと感じるのは、たいていの場合、実力が伴っていないからだ。自信のなさは、努力するべき点を教えてくれるメッセージだ。

自信がないという感情は大切にしなければならない。自信のなさは自分を正しく評価して

自信と実力のグリッド

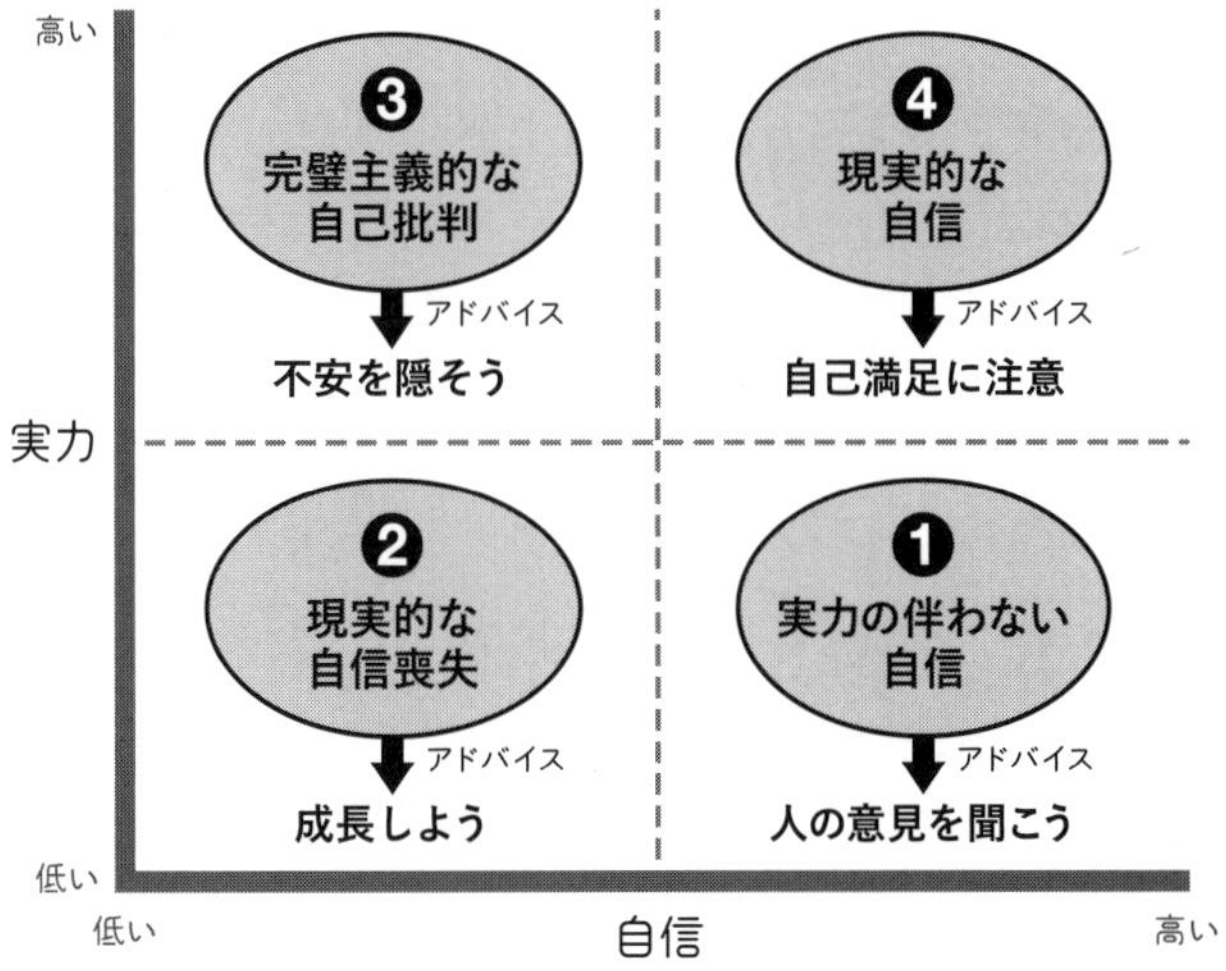

いる証拠であり、自分を正しく評価できれば成長につながる。自分を知らなければ、特に欠点を正しく把握しなければ、絶対に成長はできない。

そのことを理解するには、「実力がないのに自信はある」状態について考えてみればいいだろう。ここまで読んできた人なら、その状態に利点はほとんどなく、欠点なら山のようにあることがわかるはずだ。他にも、実力があって自信がある状態と、実力があるのに自信がない状態も考えられるが、実力がなくて自信がない状態や、実力がないのに自信がある状態に比べればごくまれなケースだ。

自信と実力の関係を視覚的に理解するために、上の図を見てみよう。ここではこの図を「自信と実力のグリッド」と呼ぶ。

①実力の伴わない自信

自信家と呼ばれる人たちは、たいてい①の「実力の伴わない自信」のカテゴリーに属する。彼らの自信の源は、本当の実力ではなく、勘違いだからだ。つまり、正しい自己評価ができていないということであり、他者から本当はどう見られているかもわかっていない。このタイプでもっとも大きな問題は、自分で自分をだます自己欺瞞だ(このことについては次の章で詳しく見ていく)。

「実力の伴わない自信」というレッテルが厳しすぎると感じる人は、もう一度よく考えてもらいたい。第一に、彼らには実力がない。第二に、自信があることで、実力のなさがさらに大きな害を生むことになる――簡単な例で説明すると、車通りの激しい道路を、車が途切れるのを待たずに徒歩で横切るようなものだ。そんなことをしたら、間違いなく車にひかれて死んでしまうだろう。この自信過剰を、キャリア、人間関係など、何かを達成することが必要な分野に当てはめて考えてみれば、うつ状態の人がこんなにたくさんいるのもうなずけるはずだ。

そして第三に(これがいちばん重要だ)、自分が何を知らないかを知らなければ、知識を増やすことはできない。ここでのいいニュースは、ただ周りからのフィードバックを得るようにするだけで、この問題は簡単に解決できるということだ。周りからの評価を見れば、自分の本当の実力がわかる。だから自信はあるが実力がないという人は、自己評価を周りの評価に合わせるようにすればいい。そうすれば、「自信と実力のグリッド」で、①から②に移動できる。②に入るのは、自分を現実的に見て、自信喪失している人たちだ。

この本を読んでいる人の中に、実力の伴わない自信家がたくさんいるとは思えないが、世の中の大部分の人の性質を理解しておくのも悪くはないだろう。いつか役に立つこともあるはずだ。今度、自慢の多い人に出会ったら、すごいと素直に感心するのではなく、実力の伴わない自信家なのだなと思ったほうがいい。

②現実的な自信喪失

これは、実力の伴わない自信家よりはずっとましなカテゴリーだ。自分の弱点や限界を自覚するのは、成長するために欠かせない要素になる。

そう考えると、「現実的な自信喪失」には二つの大きな利点がある。一つは、自分を正しく評価できるということ。それに自分を正しく評価している人は、他者からの評価も正しく理解している。そしてもう一つは、向上心の源になるということ。自分の実力に満足していない状態は、向上したいという強い動機につながるからだ。それに、自信がないという状態を改善するのも簡単だ――ただ実力を高めればいいのだ。この状態にある人は、自信のレベルと実力のレベルが一致しているが、もっと実力をつければこの均衡を破ることができる。そもそも実力をつけるという目標のほうが、自信をつけるという目標よりもずっと重要だ。

アメリカの心理学の父と呼ばれるウィリアム・ジェームズは、一八九六年という非常に早い時期から、自尊感情は達成した目標と達成できていない目標の比率で理解されるべきだと言っている。つまり、目標を達成するほど自尊感情が高まるのが本来の姿だということだ。

次の章では、この「現実的な自信喪失」についてさらに詳しく見ていく。おそらく読者の大部分は、このカテゴリーに当てはまるのではないだろうか（そうでなければこの本を読んでいないだろう）。または、③の「完璧主義的な自己批判」に当てはまる人もいるかもしれない。

③完璧主義的な自己批判

この「完璧主義的な自己批判」というカテゴリーに当てはまるのは、実力があるのに自信がない人たちだ。彼らはどんなにすごいことを達成しても、まだ自信が持てない。プロのアスリート、高名な芸術家、財を築いた起業家といった成功者たちの多くが、このカテゴリーに当てはまる。そもそも、そういう性格だから成功できたのだとも言えるだろう。

ここで考えてみよう――自分の達成したことに満足し、自信がついたら、もう成長したいという意欲はなくなってしまうのではないだろうか？

面白いことに、「完璧主義的な自己批判」のカテゴリーに入る人たちは、自己評価と他者からの評価がまったく一致していない。また、自己評価のほうが他者からの評価よりも低いだけでなく、実際の実力よりも自己評価のほうが低くなっている。そのため彼らは、自分よりもさらに成功している人と自分を比べることが多い。

一般的に、上を見て自分と比較するのは、自信喪失につながるのでよくないと考えられている。たしかにそれも一理あるが、実力をつけるという観点から考えれば、たとえ自信喪失という欠点を差し引いても、このカテゴリーには利点のほうが多い。自分が自分のいちばん厳しい批評家になるほうが、いちばん熱心なファンになるよりも、実力を高めるチャンスがはるかに大きくなる。

そのため、このカテゴリーに属する人に対するアドバイスはたった一つだけ――それは、「自信のなさを隠せ」だ。大きな成功を収めた人たちは、たいてい自信のなさを隠すのがとてもうまい。なぜこれが重要なのか？　それは、たとえ本当に実力があっても、自信のなさを表に出していると、実力もないのだろうと勘違いする人が出てくるからだ。特に自信と実力をきちんと見分けることができない人は勘違いしがちであり、そしてたいていの人が、自信と実力を見分けることができない。

④現実的な自信

最後は④のカテゴリーだ。「現実的な自信」に含まれる人は、自信と実力の両方を高いレベルで備えている。論理的な人間の考える理想の状態であり、それ自体に問題はまったくない。しかし初めに指摘しておくが、自分の高い実力を正しく評価すると、それが自己満足につながる恐れがある。自分自身と、自分の達成したことに、無批判に満足しているという状態だ。

そのため、このカテゴリーに当てはまる人にアドバイスするとしたら、何よりもまず「自己満足に陥るな」と言いたい。そこに注意していないと、①の「実力の伴わない自信」のカテゴリーに転落してしまう恐れがある。それ以上スキルを磨かずに安穏としていると、いずれ他の人に追い抜かれてしまうだろう。そしてある日突然、自分が思っているほど優秀ではなくなってしまったことを悟るのである(それも、目を覚ませばの話だが)。

とはいえ、このカテゴリーにも利点はいくつかある。第一に、ここに当てはまる人は自分を正しく評価しているので、他者からの評価も正しく理解できる可能性が高い。第二に、このカテゴリーに入る人は、自信があって実力もある人だと周りから思われる。そして第三に、自信があることの利点を本当の意味で楽しめるのは、このカテゴリーに含まれる人だけだ。

自信があれば安心できるし、それに本物の実力ほどいい気分を味わわせてくれるものはない。

まとめると、①の「実力の伴わない自信」から始まり、時計回りに成長していって、最後に「現実的な自信」に到達するという流れになる。自己の成長とは、つまるところ自信と実力のギャップを埋めていくことだ。それはすでに達成しているというのなら、今度は自己満足に陥らないよう気をつける必要がある。その注意を怠ると、「実力の伴わない自信」にあっという間に転落してしまうだろう。

「実力の伴わない自信」と「現実的な自信」という二つの状態が、自己成長の最初の段階と終わりの段階と言えるかもしれない(「実力の伴わない自信」の状態が成長につながることはめったにない)。自分を正しく評価しているなら、自信と実力のギャップをある程度は埋めることができる。そして実力を高めることのほうにエネルギーを注げるようになるだろう。

そしてあなたが最終的に目指すのも、実力を高めることであるべきだ。

第1章のまとめ

○自信の力は過大評価されている。ただ自信があるだけでは成功することはできない。もっと自信を高めることが必要だと思っているかもしれないが、本当に必要なのは、自信と実力の間にあるギャップを埋めることだ。

○現代は自己愛がどんどん肥大している時代だ。自分に自信を持ち、自分を好きになることだけがよしとされている。しかし、自分を好きになり、自信を高めても、それを裏付ける実力がなければ何も達成することはできない。

○たいていの場合、自信があるからといって実力もあるとは限らない。なぜならほとんどの人は、自分を正しく評価していないからだ。実際、ほとんどの人が自分の実力は平均より上だと信じていて、自分の勘違いにまったく気づいていない。

○現実の裏付けのない楽観主義や自信は、自分のためにならない。成長したいという向上心の妨げになり、避けなければならない危険が見えなくなる。

○世間一般で言われていることとは異なり、自信がありすぎる人は周りから好かれない。むしろ自分の実力を正しく評価しているほうが、他者からは好意的に見られ、自信家よりも社交スキルが優れていると評価される。

○自分の実力を実際以上に評価すると、パフォーマンスを正確に予測できず、ネガティブなフィードバックを「間違っている」と言って無視し、その結果、正しく自己評価した場合よりパフォーマンスがかなり落ちることになる。

○自信が低いと、自分の弱点に気づくことができる。そのため、自信を低くすると、自分の向上するべき点がよくわかり、自信と実力のギャップを埋める助けになる。

第2章

自信のなさを利用する

水に浮いていようとするほど沈み、沈もうとするほど浮く

――アラン・ワッツ（イギリスの哲学者 一九一五～一九七三）

不安は役に立つ

自信の正体がだんだんと明らかになってきたところで、今度は「自信の低さ」のポジティブな力について見ていこう。この章を読めば、不安障害やうつ病といった極端なケースでも、自信の低さには利点があるということを納得してもらえるはずだ。自信が低いと、現実的なリスク分析ができたり、もっと実力をつけようという動機付けになったりする。むしろ自信の低さは、将来の成功のために重要な役割を果たしてくれるだろう。本気で達成したいことがあるのなら、むしろ自信は低いほうがいい。

自信がないと、適応力がつく。大惨事を予防できるし、努力して実力をつけることもできる。このメカニズムをよく理解するには、自信のなさの本質を知らなければならない。自信がないとは、つまりどういうことなのだろうか？　その疑問に答えるために、まず「不安」についてざっと見ていこう。

人間が「不安」の感情を抱くのは、生き残るために必要だからだ。不安を感じ、いわゆる「戦うか、それとも逃げるか」のメカニズムが発動することによって、身の安全のために注意したり、危険に対して準備したりできる。つまり、不安とは、危険を察知したときの感情的な反応であり、不安のおかげで警戒や注意を高めることができる[注1]。

人類がまだ言葉を持たず、この感情にまだ名前が付いていなかった時代から、私たちは不安のおかげで逃げる準備や戦う準備をすることができていた。私たちの祖先にとって、身の危険が迫ったときに「逃げろ！」と教えてくれるのも、または「動くな！　そこにいろ！　やめろ！」と注意してくれるのも、この不安の感情だった。

自信が低い状態のときは、たいてい失敗を予測する。たとえば、大学入試や就職の面接、運転免許の試験、結婚式の乾杯のスピーチなどを控えているとき、自信がないと人は不安になる。そして不安のあまり、そのイベントから逃げ出したくなる。人間の脳は、異臭、大きな音、変な味など、周囲に異変が起こると、本能的に反応するようにできていて、それが「不安の感情を抱く」という形になって表れる[注2]。また、不安な気持ちから生まれる「内なる声」も、人間にとって大いに役に立つ。たとえばトラやサメとばったり出合ったとき、不安の声がなかったらいったいどうなるか想像してみよう。

当然ながら、心配性の人は、命に関わるような事故を起こす確率が低い。たとえば、イギリスで行われたこんな調査がある。十五歳の子供を一〇〇〇人以上集め、教師の証言や心理テストなどを使ってそれぞれの不安傾向を測定し、その人たちが十年後までに事故死したかどうか調べたのだ。その結果、十五歳のときに不安傾向が強かった人ほど、二十五歳までに事故死する確率は低くなることがわかった[注3]。また別の調査では、不安傾向の強い人ほど、HIV予防プログラムに積極的に参加するということがわかっている。不安傾向の強い人は、他にも伝染病の予防に敏感で、病気と思われるような症状が出たり、薬の副作用が出たりすると、すぐに医者に診てもらう[注4]。

また、不安傾向の強い人は、洪水の被害にあう確率も低い。自然災害に備えて普段から準備しているからだ。洪水が多い地域に住んでいる一〇〇人以上を対象に調査したところ、心配性の人だけが普段から洪水に備えているということがわかった[注5]。

女性のほうが男性より長生きなのも、この不安の持つ力で説明できる。女性は男性に比べて不安傾向が強いので、男性と同じだけ病気のリスクがあるにもかかわらず、世界のどの地域でも女性のほうが長生きだ。女性は、気になる症状があるとすぐに医者に診てもらい、過度な飲酒をせず、喫煙率が低く、違法ドラッグを摂取せず、体重の問題を抱える人も少ない

[注6]。

キングス・カレッジ・ロンドン精神医学研究所のイサーク・マークスと、ミシガン大学医学部のランドルフ・ネッセによると、いわゆる「間違った警告」であっても、そのたびに反応するのはいいことだという。なぜなら、間違った警告に反応するコストよりも、本物の危険を見逃してしまうコストのほうがはるかに大きいからだ。つまり、不安を感じるのは人間にとってよくあることであり、危険を避けるという意味で、思っている以上に役に立っているということだ。だからこそ、不安障害の症状を訴える人が、こんなにたくさんいるのだろう[注7]。

うつ病と不安障害は、どちらも自信が極端に低い人がかかりやすい病気であり、またどちらも特に珍しくない病気だ。たとえばアメリカでは、うつ病か不安障害の症状を訴えている人は、全体の約30％にもなる[注8]。しかも、これでもまだ控えめな数字かもしれない。四万人以上のアメリカの学生を対象にした最近の調査によると、50％近くの学生が、病名がつくような何らかの精神的な症状を見せていたという。つまり、不安障害の患者の数は、実際に治療を受けている人の数よりもずっと多いかもしれないということだ[注9]。

[注6] 詳しいことは第6章を参照。

不安障害とうつ病は重なる部分が多い[注10]。不安障害の症状がくり返し出た結果、もう心が対処しきれなくなり、不安と恐怖から逃れるために感情を殺してしまうのがうつ病だとも言えるだろう。実際にうつ病と診断されるまでになると問題だが、ちょっとした気分の落ち込みや、悲観的な人生観には、実際に利点もある。

心理療法士のエミー・ガットは、うつ病は身の回りにある本物の問題に対処する過程で生まれたという説を唱えている。注意力やエネルギーのすべてを目の前の問題に集中させるために、それ以外の感情をシャットアウトしているというのだ。うつ病というと、不快な経験や感情などから逃避していると思われがちだが、実はその正反対だったのである[注11]。

イギリスの進化心理学者、ダニエル・ネトルによると、元々うつの傾向がある人は、自分に厳しく、その結果として競争力が高くなるという。「ネガティブな傾向が強い人は、理想の状態に到達するために努力し、悪い結果を避けるために努力する。その結果、進化のうえで生存に適した状態に近づけるのだろう」とネトルは言う[注12]。

うつ病には進化上の利点があるというネトル博士の主張は、他の数多くの研究でも裏付けられている。うつの傾向がある人は、たいてい自分を正確に評価できる——心理学の世界で「抑うつリアリズム」と呼ばれている現象だ。この現象についての調査は以前から行われていて、たとえば抑うつ傾向のある人は、自分の評判、能力、社会的地位を、抑うつ傾向のない人よりも正確にとらえている[注13]。同じような調査は何度も行われているが、結果はいつも同じだ。特に、やや悲観主義の傾向がある人ほど、自己評価が正確になるという。

つまり、自信の低さとは、一種のリスクマネジメント戦略だということだ。過去、現在、未来における自分の能力を正確に把握し、リスクに備えているのだ。自信の低い人の自己評価は、周囲からの評価とだいたい一致しているが、完璧主義がすぎる場合には周囲の評価よりもかなり低くなる。とはいえ、たとえ自己評価が低すぎるケースでも、自信の低さはアドバンテージになる。それは、損失を最小限に抑えられるからだ。

適度な悲観主義は、環境に適応して生き残るうえで大きな力になる。たとえば、精神科医のロバート・レイヒーは、悲観的な人と楽観的な人を対象に、カードを使った賭けという形の実験を行った。

どういう結果になったかは、だいたい想像できるだろう。悲観的な人は、自分が賭けに負けると予想し、そもそも賭けるのをやめる。一方で楽観的な人は、自分が勝つと予想する。その結果、悲観主義者は賭けで勝つことはないが、負けることもない。そして楽観主義者は、すべてを運任せにするので、勝って大金を手に入れることもあれば、負けてすべてを失うこともある——そして最終的には、たいていすべてを失うのだ。

とはいえレイヒーによると、「ずっと悲観的でいられる人はほとんどいない」という。「進化上の衝動なのか、ふと賭けてみることにしたところ勝ってしまい、それまでの悲観主義が崩れることもあるようだ」とレイヒーは言う［注14］。

カードゲームだけでなく、野生の王国でも結果は同じだ。先にも登場したマークスとネッセはこう言っている。「食事をしていても、数秒ごとに顔を上げて肉食動物がいないかどうか確認しているシカは、食事をしたり、交尾したり、子供の世話をしたりする時間は減るかもしれない。そしてあまり頭を上げず、食べることに集中するシカは、食事の量は増えるかもしれないが、自分がエサになるリスクが大幅に高くなる」［注15］。このように、不安傾向があること、自信がないことは、注意力を高めて損失を減らすという意味で、生き残るうえで利点になるのである。

つまり、自信の低さのもっとも大きな役割は、環境に適応して生き残る助けになることだ。自信の低さゆえに不安になり、それが自分の身を守ることにつながる——不安とは「自信がない理由を考えなさい」というメッセージであり、実力を高めて自信のなさを克服しようとするきっかけになるのだ。

とはいえ、生まれつき悲観的な性格で、いつも最悪の結果を予想するから自信が低いという可能性も考えられるだろう。それは「悲観バイアス」と呼ばれる状態だ。もちろん、何事においても自信がなく、悲観的で、ネガティブな人というのも存在する。そういった性格は、子供時代に感じた不安と、生まれつきの性格の組み合わせでできている。

いずれにせよ、自信のなさには環境適応のうえで利点があり、損失を最小限に抑えるという役割がある。ある特定の物事に対してだけ自信がない場合も、またはすべてにおいて悲観的な性格で、何事も悪いほうに考えてしまう場合も、自信のなさは、失敗を予防して自分を守ろうという脳の働きなのだ。

自信のなさはあなたを守る

自信がないとき、人は不安になる。そして不安になると、自分の身を守るために行動を抑制しようとする。それなのに、この自己愛過剰の社会は、自信のなさは悪だと執拗に言い張っている。自信がないと感じる原因や、その効果については考えず、ただ自信がないときのイヤな感情ばかりに注目する――心配、緊張、不安、パニックなどだ。しかし、それらの感情にも、悪い結果を予防するという立派な役割があるのだ。次からは、この「現実的な自信の低さ」が役に立つという例をいくつか見ていこう。

(1)よく知らない事柄についてプレゼンテーションをするように言われた

私自身も、よく知らない事柄について講演を頼まれることが多い。今の私はそういう依頼は断っているが、キャリアの初期は仕事の依頼はすべて受けてしまっていた。何年か前には、

「靴心理学」（靴の好みからその人の性格がわかるという心理学）について話してほしいと頼まれたことがある。たしかに広告の心理学については多少の知識があったので、引き受けることにして、当日を楽しみにしていた。

しかし講演の日が近づくにつれ、私はどんどん不安になっていった。「靴心理学」なんてまったく専門外なのに、一時間も使って話さなければならない。それに、本番の二週間前になって初めて知ったのだが、講演を聴きにくるのは、ファッションデザイナー、ビジネスパーソン、マーケティングと広告の専門家、それに実際に「靴心理学」を研究する心理学者だった。

私は緊張し、すっかり自信を失った。この自信のなさには、間違いなく事実の裏付けがある。あのときもし自信満々だったら、きっと講演は失敗だっただろう。不安になったり、自信をなくしたりするのはたしかにいい気分ではないが、失敗するよりはましだ。それらの感情のおかげで、私は自分の知識のなさに気づくことができた。準備をしないで臨んだら、間違いなく失敗し、専門家の集団の前でとんだ恥をかくことになるだろう。

そこで私は、図書館に通って勉強した。履いている靴と性格の関係について、手に入るものは何でも読んだ。講演は無事に終えることができたが、もしあの不安な気持ちと自信のなさがなかったら、悲惨なことになっていたはずだ。これはほんの一例にすぎない。私は自分の自信のなさに感謝している。そのおかげで、事前に講演の準備ができたからだ。

(2)議論好きな人から議論をふっかけられる

議論に負けない方法を知りたいだろうか？　それは、自分より強い人を相手にしないことだ。そしてそのためには、自分のほうが劣っていることをきちんと自覚しなければならない。つまり、「勝つ自信がない」という状態になることが必要だ。

学校でも、飲み屋でも、職場でも、「自信のなさ」さえあれば、負け戦を避けることができる。普段は気づかないことも多いが、自分の中にある恐怖を打ち負かすことで、自分が打ち負かされてしまうのはよくあることだ（心理的にも、感情的にも、さらには肉体的にも打ち負かされる）。

何かについて自信がなく、直感的にしないほうがいいと思うなら、しないほうがいいだろう。これが当てはまるのは、二人の人間の間の争い（口論でも、殴り合いのケンカでも）だけではない。スポーツの試合でも同じことが言える。たとえばボクシングでは、チャンピオンはいつも慎重に挑戦者を決めている。タイトルをかけて戦う価値のある相手しか選ばない。

それは戦争でも同じだ。勝てる自信がなかったら、果たしてアメリカはベトナムと戦争を始めただろうか？　イラクやアフガニスタンの場合は？　もし勝算がもっと大きかったら、アメリカはイランに侵攻していたはずだ。自信のなさが敗北を未然に防ぐように、自信がありすぎると相手の力を過小評価し、結局は自分が負かされることになる。古代中国の武将・孫子は、「兵法」という戦争術の中で、この原則を見事に表現している。

敵を知り、自分のことも知っていれば、百度戦っても負けることはない。自分を知っていても、敵を知らなければ、勝利と同じ数の敗北を味わう。そして敵も自分も知らなければ、すべての戦いで負けることになるだろう[注16]。

(3)ラスベガスでギャンブルをしているときに、なんだか「ついている」気分になる

ギャンブル好きの人は、なぜたいてい有り金をすべてすってしまうのか。それは、彼らが途中でやめることができないからだ。どんなに不利な状況でも、彼らはやめられない。そして負けると、自分の自信を正当化するために、「もう少しで勝てた」と解釈する[注17]。そこで少しでも「負けるかもしれない」と考えていれば、手遅れになる前に手を引くことができるだろう。

この「次はきっと勝てるはずだ」という思考回路が現れるのは、カジノの中だけではない。たとえば投資など、ギャンブルの要素がある場面には必ず存在する。今では多くの人が認めていることだが、もし自信過剰のディーラーが無茶な投資をしなかったら、あの二〇〇八年

の金融危機も起こっていなかっただろう。

アイスランドの経済学者アン・サイバートは、自国で起こった金融危機（アイスランドの金融バブルが崩壊し、危機が一気に世界に広まった）を研究し、ディーラーの自信過剰は、男性の脳に特有の物質に原因があるということを発見した。「男性のディーラーは、バブルだとわかっていても続くかぎりは乗っていこうと考える。自分はバブルがはじける前に売り抜けられると信じている。調査によると、バブル初期に大きな利益を出すことが過剰な自信につながり、それがますますバブルを過熱させることになる」とサイバートは言う[注18]。

また、ケンブリッジ大学神経科学部のジョン・コーツ博士とジョー・ハーバート教授も同じような研究を行った。彼らによると、取引がうまくいっている日のディーラーは、男性ホルモンであるテストステロンの分泌量が増え、その結果さらに大きなリスクを取ることになるという[注19]。男性は生物学的に欲望を抑えられない傾向があるので、もっと女性のディーラーを増やしたほうがいいのかもしれない。女性は、テストステロンの分泌量が少ないだけでなく、男性よりリスクを嫌う傾向があり、自信過剰にもなりにくい。女性の交通事故が少ないのも、女性の飲酒運転が少ないのもそれが理由だ。

うますぎる話に乗せられて住宅ローンを組み、結局払えなくなって破綻する人がいる。彼らだって、もし大丈夫だと勘違いしなければ、払えないかもしれないという考えが頭をよぎっていれば、そもそも無理なローンは組まなかっただろう。

自信過剰が金融危機の引き金になったのは、なにも最近の話だけではない。一九二九年に起こった株価大暴落の直前でも、カルビン・クーリッジ大統領は、未来はバラ色だと断言していた[注20]。また、JPモルガン・チェースは、二〇一二年だけでも、金融トレードで二〇億ドルの損失を出した。投資家にとっては寝耳に水の出来事だった。

この種のギャンブルによる大惨事は、いったいなぜ起こるのだろうか。よくある説明はこうだ——馬でも、ルーレットの数字でも、フェイスブックの株でも何でもいいが、とにかく何かに賭けるとき、ギャンブラーたちは無意識のうちに、自分は勝つと信じようとする。なぜなら、負けるという可能性を認めると、賭ける自分がバカのように感じ、不安になるからだ。

これが意味することはもう明らかだろう。自信のなさは、自分の能力を疑うきっかけになり、それが負ける危険を小さくすることにつながるのだ。世界規模の経済危機のようなケースでも、この原則が当てはまる。

(4)浮気したくなる

誰か特定の人と付き合っているのに、他の人に強い性的な魅力を感じてしまう——たいていの人がそんな経験をしたことがあるだろう。しかし、ある種の人は他の人よりもこうなる傾向が強く、そして誘惑に抵抗する力も人によって大きく違っている。

浮気はしないと自分を抑えることができる理由の一つは、バレるのが怖いからだ。そして、きっとバレてしまうと考えるのは、自分に自信がない証拠だ。逆に自信満々の人は、自分なら隠し通せると確信している。成功した自信家がよく浮気をするのもこれが理由だ。ジョン・エドワーズ、ポール・ウォルフォウィッツ、ランドール・トバイアス、デーヴィッド・ペトレイアスの共通点は何だろうか。彼らはみな、有力な政治家か軍人で、そして浮気がバレている。

権力者ほど浮気をするという傾向は、企業の幹部にも当てはまる。たとえば、ヒューレット・パッカードの元会長兼CEOのマーク・ハードや、ボーイング元CEOのハリー・ストーンサイファーは、どちらも女性関係のスキャンダルで辞任に追い込まれた。

昔から「権力は腐敗する」と言われているが、それは金銭だけの話ではなく、人間関係にも当てはまるようだ。近年、ティルブルフ大学のヨリス・ラマーズ博士のチームが、ある心理学の大規模な調査を実施した[注21]。権力と浮気の関係について調べたのだ。博士らによると、権力が大きくなるほど浮気の可能性が高まるのは、権力のある人は浮気に伴うリスクに対して鈍感だからだ。自信過剰が原因で、バレるというリスクを過小評価し、またバレたときの結果についても過小評価している。バレたら離婚される、職を失うといったリスクを考慮していない。

このように、権力者がよく浮気をするのも、やはり自信過剰が関係している。人は権力を手に入れると自信が高まり、そして自信が高まったことによって、浮気のリスクを過小評価する。平気でパートナーを裏切り、たとえ相手が離れていっても、次はすぐに見つかると確信している。

ラマーズ博士のチームはさらに、権力と浮気の関係が、有名人だけでなく一般人にも当てはまるか調べることにした。二〇一一年、地元のオランダで、一二〇〇人以上の大人を対象に調査を行った。調査に参加した人たちは、低スキルで低所得の仕事をしている人から企業の重役まで、社会のあらゆる階層にわたっている。ここでも結果は同じだった——自信のある人ほど、浮気をしたいという気持ちが強いと答えている。つまり自信のなさは、人間関係でも利点になるということだ。人は自信がないおかげで、パートナーに対して忠実でいられる。

浮気をしてもバレないという自信、または、たとえバレて捨てられても、すぐに次のいい相手が見つかるという自信がなければ、世の中から浮気をする人も少なくなるだろう。それゆえ、自信のなさは利点ということになる——愚かな決断をするのを妨げる抑止力になるということだ。セレブや権力者の浮気のニュースが後を絶たないのも、無駄な自信があるからだろう。世界中の誰もが知っているような存在なのに、それでも自分の浮気はバレないと本気で信じているのだ。「自分が成功できたのは自信のおかげ」と主張する成功者も、実はむしろ、その過剰な自信の犠牲者になることのほうが多い。

ここまで読んでわかるように、自信の低さには利点がたくさんある。個人のレベルでは、経済的に破綻するのを予防し、結婚生活の破綻を予防し、キャリアの失敗を予防し、早すぎる死を予防してくれる。そして社会のレベルでは、深刻な経済危機や戦争を予防してくれる。

自信がない人ほど努力する

あなたは今までに、何らかの極限状況に置かれたことはあるだろうか。親しい友人や身内に身の危険が迫るのを目撃したり、不当な行為を目の当たりにして怒りに震えたりしたことは？　心の底から何かを欲しいと思ったことは？

もしあるなら、それらの体験をふり返ってみよう。自信は言われているほど役に立たなかったことに気づくはずだ。それにはもっともな理由がある。もし本当に欲しいものがあるなら、自信があってもなくてもそれを手に入れようとする。そしてもしそれほど欲しくないなら、自信があってもなくても手に入れようとしないはずだ。

それに加えて、もし何かを目指すと固く決意しているなら、自信はむしろ邪魔になる。なぜなら、欲しいものが手に入ると確信するほど、手に入れるための努力は少なくなるからだ。

逆に、簡単には手に入らないと感じていれば、その分だけ努力も増える。つまり、何かで上達したいと考えることと、何かが得意であると自負することは、実は両立しないのである。

私の知っているもっとも優秀な人たちは、たいてい普通の人よりも自信が低い。そして私の知っているもっとも自信のある人たちは、平均より能力が低い。私自身について言えば、自信を感じることなんてほとんどないが、自分の専門分野ではおそらく優秀なほうだと思う。もし私にもっと自信があったら、実力は今よりも下だっただろう。なぜなら、自信がない（すなわち、能力も低い）状態を克服するために、さらに努力することもなかったからだ。

自信のなさは、欲しいものを手に入れる妨げにはならない――この事実を認識することが大切だ。もし何かが本当に欲しいなら、それを手に入れるだけの実力がないという気持ちは、さらに努力する原動力になる。そして、成功するのにいちばん欠かせないのは、自信ではなく努力である。

成功は二つのパートに分けられる。それは、「準備」と「パフォーマンス」だ。パフォーマンスの段階では、自信があるのはいいことだ。自信があると、周りからは能力がありそうだと思われるし、自分も不安な気持ちに襲われなくてすむ。逆に、パフォーマンスの段階で自信がない状態だと、不安な気持ちが実力を発揮する妨げになる。やるべきことに集中できず、周りからも能力がなさそうと思われてしまう。

とはいえ、成功の中で「パフォーマンス」の占める割合はとても小さい。何かを達成するまでの時間と労力で考えれば、全体のほんの10％くらいだろう。残りの90％は「準備」だ。そして、自分のパフォーマンスに自信がない人ほど、より熱心に準備することになる。

たとえば、ある重要なプレゼンテーションを任されたとしよう。自信がなかったり、不安になったりするのはたしかにイヤなものだ。しかしそのおかげで、失敗や恥をかくのを避けるために、きちんと準備することができる。そしてその結果、自信があって心配していなかった場合よりも、はるかにいいプレゼンテーションを行うことができるのだ。

つまり、自分を向上させたいと思うなら、スタート時点で自信はないほうがいいということだ。自信を持つことは、本当の実力をつけるまではむしろ役に立たない。そして自信のなさは、実力を高めることにつながる。言い換えると、成功は努力のたまものであり、そして努力するには自信はないほうがいいということだ。

これは考えてみれば当たり前であり、理にかなった話だろう。しかもそれだけでなく、きちんとした科学の裏付けもある。高名な心理学者で、「自己効力感」（要するに「自信」と同じような意味だが、一九八〇年代以降はこの言葉のほうが学者の間で好んで使われている）という言葉を作ったことで有名なアルバート・バンデューラは、高い実力が高い自信につながると明言している。やはりパフォーマンスの質を上げることが、自信を高めるいちばんの近道だということだ。次に、科学的な根拠をいくつかあげてみよう。

●依存症や心身の病気（過食症、喫煙、飲酒、ギャンブルなど）の治療からわかるのは、自信の高さが役に立つのは、実際の成功体験に基づく自信である場合に限られるということだ。つまり、ここで大切なのは、自信が高まったことではなく、能力が高まったことのほうだ［注22］。たとえば、誰かを説得して禁煙させようとするとき、自信を持たせるだけでは何の結果にもつながらない。しかし、その喫煙者が、タバコの本数を減らすという最初の段階をクリアできれば、その成功体験が「本当に禁煙できるかもしれない」という自信につながり、禁煙の成功にさらに近づくことができる。

●自信がないと、さらに多くのリソースを配分しようとする。目標を達成するために、より多くの時間や労力を費やすということだ［注23］。そして心理学者のウィリアム・パワーズも言っているように、その結果として能力も向上する［注24］。被験者のパフォーマンスをランダムに評価することで、被験者の自信の高低を操作するというよくある手法の調査によると、自信が下がるような評価をもらった被験者は成績を上げるためにより努力するが［注25］、高評価を受けて自信が高まった人は逆に努力しなくなるという。たとえば、イリノイ大学のダン・ストーンが行った調査［注26］では、自信が高い人は自らの能力を過大評価し、その結果、自信の低い人たちに比べて気が緩み、努力を怠るようになることがわかった。

●知覚制御理論など、根拠のしっかりした動機付けについての科学的な理論によると[注27]、動機が高まるきっかけは、現在の状況と、理想の状況の間にある差を認識することだ[注28]。自信が高いと認識できる差は小さくなり、自信が低いと逆に大きくなる。そのため、自信がないほうが動機は高まるということになる。言い換えると、自信が高まるほど、自分が考える現時点での実力と、理想の状態との間にある差が小さくなり、その結果として努力を怠るようになるということだ。自信はいわばサーモスタットのようなもので、目標を達成したことを察知する役目を果たす。本物のサーモスタットは温度調節の機能を果たし、設定した温度に達したら運転を停止する。自信もそれと同じで、目標を達成したと判断したら、そこで努力をやめてしまうのだ。そして自信のある人は、自信のない人よりも、目標達成のシグナルを出すのが早くなる。

以上のように、多くの科学的な調査によって、自信の低さが成長の大きな原動力になることが証明されている。実力があることが自信につながるのであり、そしてそのプロセスは、自分に実力がないことを認識し、適切な時間と労力を費やして努力することから始まる。

自信とはおかしなもので、自信があるとたしかに目標は高くなるが、そのための努力は逆に少なくなるという矛盾した面がある。自分の能力に自信がある人は、より高い目標を掲げ、さらに自分ならその目標を簡単に達成できると考え、その結果として努力のレベルを下げることになる。

逆に自信がないと、そもそも高い目標を持たない可能性もあるが、むしろ高い目標を挑戦しがいがあるととらえ、動機が高まり、より多くの時間と労力をその目標に費やすことにつながる。また、自分の不安な気持ちを最大限に活用し、慢心することなく成功体験を積み重ねていく。自信から生まれる安心は惰性につながり、必然的に努力が減速していくが、不安はさらなるパワーと加速につながる。

他人から見れば、あなたはそんなにたいしたことはない

自分が何を考え、どう感じているかについて、他の人も関心を持っていてくれたら嬉しいものだ。まるでリアリティ番組の登場人物のような気分になれる。だからこそ、あんなにたくさんの人が、ツイッター（現X）でつぶやいたりフェイスブックに投稿したりすることに多大な時間を費やしているのだろう。また、私たちは、自分以外の人も自分の感情や思考に同調してくれると思っている。自分が怒っているときは、他の人も怒って当然だと考える。何かを確信しているときは、他の人も同じように確信していて、自分に同意してくれるもの

と考える。そして思い通りにならないと、その相手と口論することになる。

しかし現実は、あなたの考えや気持ちを本当に気にかけているのは、あなた自身しかいない。冷たいことを言うと思うかもしれないが、これは受け入れなければならない事実だ。実際、自分に興味があるのは自分だけだとわかっていたほうが、人付き合いにおいて大きな利点になる。なぜなら、いつでも「自分、自分」にならずにすむからだ。

世の中には、二種類の戦いが存在する――他人を相手にする戦いと、自分を相手にする戦いだ。そして本当の意味で勝つことができるのは、前者の他人を相手にする戦いだけだ。自分との戦いは、結局は負けるだけでなく、心身ともに疲弊し、他人との戦いに使う力まで奪われる。つまり私が言いたいのは、自分のことばかり考えるのはやめて、もっと他人のことを考えようということだ。なぜそんなことを言うかというと、理由は単純で、今までに見てきた自信と実力の関係と同じ仕組みになっているからだ。

自分中心＝自分の自信を心配する
他者中心＝自分の実力を心配する

今より向上するには、他の人から認められることも必要だ。実際、普段から自信の低い人なら、自分が自分にいちばん厳しいだろうから、他人に実力を認めてもらうのは思っているよりも簡単だろう。私の知り合いの中にも、自信がなくて自分を卑下してばかりいるのに、実際は才能があって、魅力的で、成功している人はたくさんいる。それでも彼らは、他の人からどんなに褒められても、自分はダメだという考えに固執している。そうやって自分の考えばかりに凝り固まっていると、自信のなさのことばかりが気になって、実力を上げる努力のほうがおろそかになってしまうかもしれない。

自分のことばかり気にしていたら、他人を気にする時間がなくなってしまう。そこで、他人のことも考えるようにすると(「他人」の中には、必然的に「他人があなたについて考えていること」も含まれる)、人付き合いだけでなく、それ以外のことでも成功できるだろう。たいていの人は自分のことばかり考えているので、他人のことを考えられる人は、それだけで特別な存在になれる。

私は最近、ある銀行で就職の面接の手伝いをした。選考の責任者は、その銀行のCEOだ。彼はどこから見ても「自分中心」の人物だった。自信満々で、他人にはまったく興味がない。唯一興味を持つ他人は、自分に興味を持っている人だけだ。

候補者のうち、三人の面接はとてもうまくいった。彼らはみな、聡明で、話もわかりやすい。それに非の打ち所のない資格も持っている。しかし、この三人はCEOに興味を示さないという失敗を犯してしまった。自信家の彼らは、自分のことばかり話し、CEOに口を挟む隙をまったく与えなかった。

もう一人の候補者は、面接のできは散々だった。緊張して、おどおどしていて、どの質問にもまともに答えられなかった。彼がほとんど話さなかったので、CEOは自分の話をたくさんすることができた。自分の仕事、自分の評判、自分が世界に対していかに重要な貢献をしているかについて、思う存分語っていた。候補者は、それを聞いてただ頷いていた。

さあ、誰が採用されただろうか？　そう、面接のできがいちばん悪かった候補者だ。彼はCEOにたっぷりと話す時間を与え、ずっと感心しながら聞いていたからだ。

十九世紀に活躍した心理学者のウィリアム・ジェームズは、「人間の行動を司るもっとも基本的な原理は、他者の承認を切望する気持ちである」という有名な言葉を残している。だから、あなたも積極的に他人を認めよう。もし相手にまったく興味がないなら、興味のあるふりをすればいい。そうすれば、相手はあなたが好きになる。

史上最大の自己啓発作家であるデール・カーネギーは、著書の『人を動かす』の中でこう書いている。「もちろん、興味があるのは自分の欲しいものだ。（中略）あなた以外の人もそれは同じで、誰もが自分の欲しいものに興味を持っている。そのため、他人に影響を与えるには、相手が欲しいものについて語り、それを手に入れる方法を教えてあげるのが唯一の方法ということになる」[注29]。ヘンリー・フォードも同じようなことを言っていて、彼はそれを、「最大にして唯一の成功の秘訣は、他人の考え方を理解し、他人の立場でものを見ることだ」と表現した。

心理学者は、このような態度を「共感」と呼んでいる。これができている人がほとんどいないのは、みな自分のことばかり考えているからだ。自信のある人もない人も、その点は同じである。自信が高すぎる人は、他人から見た自分はそれほどたいしたことはないという事実に気づいていない。そして自信が低すぎる人は、他人が自分を認めていることに気づいていない。どちらも自分の気持ちにしか目が行かず、他人が自分をどう見ているかということまで考える余裕がない。

ここで、これまでの議論を踏まえ、私にとって最高のアドバイスになった言葉をあなたにも送りたいと思う――「トマス、おまえの話じゃないんだよ」。

当時はひどいことを言うと思ったが(なぜなら、おまえはナルシシストだと言われたのと同じだからだ)、この言葉のおかげで、自分がいかに自分のことばかり話し、自分のことばかり考えていて、そのせいで他の人のことをほとんど考えていなかったということを自覚できた。自信の低い人も、同じような間違いをしがちだ。自分の自尊心のことばかり気になって、他の人の気持ちや考えまで思いがいたらない。

面と向かっての会話で、「自分、自分」の人だという印象を与えるのは、たいてい自信家で、自分の話ばかりする人だ。しかし、文字でのコミュニケーション(メール、手紙、メッセージなど)でも、内容を分析すれば、書き手が自分中心かどうかはすぐにわかる。ただ「私」という言葉を使う回数を数えればいいのだ(これは、自己愛の度合いを測るときによく使われるテクニックだ)。自分が書いたものを、この方法で分析してみてもいいだろう。今度メールを書くときに注意していれば、「私」という言葉を書かないのがどれほど大変かわかるはずだ——しかし、自分のことばかり書くのをやめれば、その見返りは十分にある。

ここでのいいニュースは、自分のことばかり話すのをやめれば、いやでも他人に注意が向き、彼らの視点で世界を眺められるようになり、その結果として自分の不安を克服できるということだ。不安が大きくなるのは、自分のことばかり考えているからだ。他者の視点に立てば、「自分が自分についてどう考えるか」なんて、思っていたほど重要でないことがわかる。むしろ人生で大切なのは、「他人が自分をどう思うか」だ。そしてそれを決めるのは、あなたの自信ではなく、あなたの実力だ。

成功している人は本当の自分を出さない

成功している人は、本当の自分をめったに出さない。なぜなら彼らは、自分の不安を隠しているからだ。成功とは、自分を隠すテクニックをどれだけ持っているかということでもある。自分を隠すテクニックは、とりもなおさず、他者に向けて理想的な自分を見せるテクニックでもあるからだ。

人との交流に不安を持っている人は、むしろ人との交流で成功できる。なぜなら不安な気持ちは、他者のことを考えている証拠だからだ。人格心理学の権威であるロバート・ホーガンによると、自分の人格（なりたい自分）と、自分の評判（本当の自分）を一致させるのに必要なのは、社交スキルだということだ。いつでも本当の自分を出しているのは、社交スキルのない人だけだ。そしてそういう人は、たいてい成功できない。本当の自分がどんな人間であろうと、とにかくひたすら隠す。他人に見せるのは、理想の自分だけだ。そうすれば成功は後からついてくるだろう。

大成功を収めた人たちは、みな本当の自分で勝負してきたと考えられがちだが、しかし現実はその正反対だ。自分に正直に生きるのではなく、むしろ自分に都合のいい評判を確立してきたのである。つまり、成功者は、他人に自分を高く評価させるのが得意だということだ。

ビル・ゲイツは、ここ十年ほどの間、世界一の金持ちにほぼ毎年選ばれている。何が彼をそんなに駆り立てているのだろうか。ゲイツはハーバード大学を中退している。そこから、両親や社会的権威に対して反抗的なところがあったことがわかる。考えてみよう。せっかくハーバードに入学できたのだから、普通だったら大きなチャンスを最大限に生かすために懸命に努力するだろう。いい成績で卒業できれば、人生の可能性は大きく広がるのだから。

その後ゲイツは、マイクロソフトを設立した。パソコンオタクがテクノロジー会社を起業するのは今ではおなじみの物語だが、その原型を作ったのがゲイツだ。そしてゲイツの評判は、パソコンオタクから、現代で有数の独占企業の経営者で、超やり手のビジネスマンへと、あっという間に変化した。もちろん、並外れた野心家で、勤勉でなければ、その段階にはたどり着けない。

そして最近の行動によって、ゲイツの動機は、実は「愛されたい」という気持ちだったのかもしれないということが示唆される。史上もっとも若くして自力で億万長者になり（現在、その称号はフェイスブックを設立したマーク・ザッカーバーグのものだ）、その後に世界一のお金持ちになったゲイツは、今度は財産のほとんどを慈善活動に寄付することにした。もちろん、それ自体は立派な行いだが、それと同時にゲイツの人生の演出という観点も忘れてはならない。「偉大な人物になりたい」という彼の欲求は、人に認められたい、受け入れられたいという切実な思いから生まれているようだ。そういう気持ちになるのは、ある程度は不安を抱えている証拠でもある。

ビル・ゲイツと同じように、たいていの成功者は自分の不安を隠している。だから彼らが自信のなさを告白すると（ゲイツはしていないが）、私たちは驚くことになる。世間からは自信満々の成功者と思われていた人が、不安な自分をさらけ出した例はたくさんある。

たとえば、俳優のジョニー・デップだ。デップは現代のセックスシンボルという評判で、大胆で独創的な演技でも知られている。しかし、これほどの栄誉と人気を誇っていながら、本人によれば、自尊心はまだそれほど高くなっていないという［注30］。九〇年代に大人気だったポップ歌手のロビー・ウィリアムズも、自信満々な態度は、緊張や不安を隠す仮面だと言っている[注31]。また、女優のデミ・ムーアは、人生の終わりで「誰にも愛されなかった」と感じるのではないかという不安を口にしている[注32]。

他人にいい印象を与えることの大切さを知るには、その逆の例を考えてみるといい。自分を演出する努力を放棄し、本当の自分をさらけ出すと、いったいどんな悲惨な目にあうのだろうか。

社会的な自殺行為によって、評判が地に落ちた人たちの例を考えてみよう。ジョン・ガリアーノは、現代を代表するファッションデザイナーの一人に数えられていたが、酔った勢いで見知らぬ他人に向かって反ユダヤ主義の言葉を吐いてしまったために、名誉もキャリアも一気に失った。ガリアーノ自身は、アルコールとドラッグのせいだと主張しているが、実際のところはただ本当の自分を出してしまっただけだ。

「本当の自分」を出してしまったために社会的に抹殺された有名人は、枚挙にいとまがない。たとえばブリトニー・スピアーズは、天使のようなポップス・プリンセスから、クリスタルメスが手放せないジャンキーに転落した。そして、スピアーズよりも悲惨な運命をたどったのがホイットニー・ヒューストンだ。

とはいえ、自分を隠す努力が必要なのは、なにも有名人だけではない。ツイッターやフェイスブックなどのＳＮＳの隆盛によって、たとえ一般人でも、ネット上で理想の自分を演じることの大切さが浮き彫りになっている。会社の上司や採用担当者は、部下や学生のSNSへの書き込みをチェックして、どんな人物か判断するのに役立てようとしている。それは正しい方法だろう。彼らがフェイスブックの書き込みをすべて見ることができたら、きっとフェイスブック・ユーザーの全員がクビになるか、不採用になるはずだ。

社会の期待に合わせて行動できる人は、本当の自分を巧みに隠している。それを特にうまくやっているのが、いわゆる成功者たちだ。

ふりをすれば本物になる

自信がありそうに見える人は、多くの面で社会的に有利だ——もちろんその前に、実力があると認められていなければならない！　実力があるところを見せている人は、よりカリスマ性があり、リーダーシップがあり、さらには外見も魅力的だと思われる傾向がある。また、そのような特徴がある人は社会的なランクが上になるので、周りにはますます人が集まってくる。

私たちは、世間で「成功者」とされている人と仲良くなり、そのことで自分の社会的ランクも上げたいと思っている。しかし、自信満々の成功者は、もしかしたら自信のあるふりをしているだけかもしれない。実際のところ、彼らの成功を支えているのは、私たちが彼らを見る目だ——つまり彼らが成功しているのは、私たち一般人のおかげだと言える。

その一方で、「内なる自信」に同じような効果があることは確認されていない。他人にわかるのは、表に現れた態度だけだ。内面でどんなに自信があっても、それは他人にはわからない。内なる自信を外に向かって表現し、態度で表すことができなければ、ほとんどの人にはわかってもらえないということだ。

周りの人は、あなたの頭の中まではわからない。基本的に、他人に伝わるのは表に出た言動だけで、頭の中や胸の内はせいぜい推測してもらうだけだ。内なる自信は目に見えない。しかし実力は誰の目にも見える——そして他人は、実力に基づいてあなたの能力を判断する。

昔から「実現するまではふりをしろ」とよく言われているが、これは悪くないアドバイスだ。もしふりをすることができれば、周りに「実力がある」と思わせることができ、評価も上がり、それが自信につながる——たとえ自分にそこまでの実力はないとわかっていても、このサイクルは健在だ。

だから、もし内心に不安を抱えているが、周りをだまして実力のあるふりをすることができるなら、世間的には「実力のある人」で通すことができる。それに加えて、「実力のあるふり」には、「本物の実力」と同じくらいの力がある。なぜなら、大切なのは、結局のところ「他の人が自分をどう思うか」ということだからだ[注33]。

周りをだますのは難しいと思うかもしれないが、実はそんなことはまったくない……。

この「ふりをする」ことに関しては、たくさんの心理学の実験が行われてきた。人はどれだけうまく他人をだますことができるのか、そしてどれだけ正確に他人の嘘を見抜くことができるのかという実験だ。

たとえばよくある実験では、一五人の人がそれぞれ違う発言をして（嘘の場合もあれば、本当の場合もある）、四〇人の人にそれが嘘かどうか判定してもらう。発言の平均的な長さは五十秒だ。すべての発言は撮影され、四〇人すべての判定人に見せられる。

チャールズ・ボンド・ジュニア博士とベッラ・デパウロ博士は、数十年にわたるこの分野の研究を見直し、その結果をまとめている。対象になった研究は二〇〇例で、参加者は二万五〇〇〇人近くになる[注34]。それで、結果はどうだったか。相手の話が本当だと当てる確率はわずか53%で、嘘だと当てる確率はわずか47%だった。つまり、本当だと当てる確率は、五分五分の当てずっぽうよりもわずか3ポイント高いだけで、嘘を見抜く確率のほうは当て

[注33] この「実現するまではふりをしろ」を実践していると、「インポスター（詐欺師）症候群」と呼ばれる本物の病気になることもある。インポスター症候群とは、自分は偽物だと感じ、どんな成功も自分の実力とは思えない症状だ。つまり、他人を信じさせることには成功しているが、自分を信じさせることには失敗している。この症状のもっと穏やかなバージョンなら、自信との付き合い方としては悪くないだろう。

ずっぽうよりもさらに3ポイント低くなってしまう。これでは、コインを投げて決めるのと大差はない。つまり、嘘はめったにバレないということだ。

この結果を見ても、「バレなかったのは嘘をつくのがうまい人たちだけだ」と思うかもしれない。たとえば、75%の確率で嘘がバレる人もいれば(嘘をつくのがヘタな人たち)、25%の確率でバレる人もいる(嘘をつくのがうまい人たち)、ということだ。両者の結果が相殺され、結果としておよそ50%という数字になる。

しかし、その推論は間違っている。どんな人でも、他人を完璧にだます能力を持っている。これは科学的にも証明されている事実であり、嘘がときには有益なものとして社会的に認められているのもそのためだ。調査を行ったボンドとデパウロも指摘しているように、人は日常的に嘘をついている。人を喜ばせるために嘘をつき、自分の体面を守るために嘘をつく。人が嘘をつくのは、たいてい自分の評判を守るためだ。「嘘を知らせるサインはとてもわかりにくく、社会的にも、相手の言うことを額面通りに受け取るのが正しい態度だとされている」と、両博士は言っている[注35]。

表向きは、嘘はいけないということになっているが、誰もが嘘をつく訓練を受けている。トロント大学エリック・ジャックマン博士子供研究所所長のカン・リー博士は、子供の嘘を大きく三つに分類している。(1)周りとうまくやるための嘘、(2)叱られないための嘘、(3)自分をだます嘘、だ。

(1)の嘘では、人を傷つけないために「きみ、かわいいね」「このケーキおいしいよ」と言ったりする。(2)は、「僕がやったんじゃないよ」「それをやらなきゃならないなんて知らなかった」などという嘘だ。そして(3)は、「僕はいい子だ」「私は絶対に嘘をつかない」などがある。

そして大人になっても、私たちはこの三種類の嘘をつき続ける。(1)と(2)は、社会生活を円滑に送るために、誰もが身につける嘘だ。さらには、嘘をつくことには進化上の理由もある。私たちの祖先は、わざと攻撃的にふるまうことによって、襲ってくる敵や肉食動物から身を守ってきた。逃げるという選択肢がない状況では、この方法が特に役に立つ。

以上のことを総合すると、能力の高い人ほど、必要なときにはうまく嘘をつけるということだ。そもそも、彼らが成功できた理由の一部は、自分をだますのでなく、他人をうまくだましてきたからかもしれない。

とはいえ、かの偉大なるエイブラハム・リンカーンは、こんな有名な言葉を残している――「一個人を永遠にだまし続けることは可能かもしれないし、すべての人を一時期だけだますことも可能かもしれないが、すべての人を永遠にだまし続けることは不可能だ」。つまり、ただ「ふりをする」技術だけを磨くのではなく、本物の実力を身につけるための努力も必要だということだ。

第4章から第6章では、仕事、社会生活、健康という項目ごとに、本物の実力を身につける方法について見ていく。

第2章のまとめ

○自信の低さは、実力を高めるモチベーションになる。将来の成功のためにも重要な役割を果たす。本気で達成したいことがあるのなら、自信は低いほうがいい。

○不安な気持ちによって危険に気づき、危険を避けることができる。

○自分の能力に自信がないことは、目標達成のために努力するきっかけになる。その結果、実際に能力がつく可能性も高くなる。

○他人の考え方に興味を持ち、自分中心ではなく他人中心に考えると、他人が自分をどう見ているかがわかり、不安を克服する助けになる。

○表向きの顔はつねに「最高の自分」を見せるようにする。他人をだますのは難しくない。たとえ内心は自信がなくても、実力のあるふりをすると、周りもそういう目で見てくれる。

第3章

「他人からの評価」ですべてが決まる

私は別の種族の生物と目と目を合わせる——そしてこのわれわれとはまったく違う生命力の本質を知りたいと切に願う。(中略)私に一分、時間をくれ——一分だけでいい——この生物の内部に入りたい。(中略)そうすれば、自然史学者たちが長年にわたって探してきたものを知ることができる。(中略)しかし、私たちにできるのは、外側からじっと眺めることだけだ。対象を真っ正面から見据え、そして考える、ただ考え続ける。

——スティーヴン・ジェイ・グールド(アメリカの古生物学者 一九四一〜二〇〇二)

グールドの不満はよくわかる。どんなに頑張っても、他人の考えや気持ちを正確に知るのは不可能だ。もちろん、想像できるときもあるだろうが、「想像する」のと「知る」のはまったく違う。

映画を観て泣くのは、俳優たちが表現している感情に反応したからだ。俳優たちの感情は、自分の感情と同じくらい本物に見えるが、しかし本物ではなくて演技だ。

それと同じように、「自信がある」ことと、「自信がありそうに見える」こともまったく違う。周りの人は、あなたの本当の自信のレベルを探り当てるために、さまざまなサインを読み取ろうとするだろうが、彼らにできるのは、あなたが与えるヒントから推測することだけだ。つまり、あなたの自信は二つの顔を持っているということだ。一つは内側の顔、つまり自分が考える自分の能力レベルで、もう一つは外側の顔だ。外側の顔とは、他の人から見たあなたの自信レベルということになる。

しかし、なぜ人は、他人の自信レベルにまで興味を持つのだろうか。それは、自分の自信レベルを気にかけるのと同じ理由だ。将来の結果をできるだけ正確に予測し、それに沿った決断を下すために、私たちは自分や他人の自信レベルを気にかける。

たとえば、仕事に関する自分の自信レベルを分析することは、新しい仕事を引き受けるべきか、引き受けた場合どれくらいの努力が必要かといったことの判断材料になる。それと同じ意味で、同僚の自信レベルを分析すれば、いざというときに彼らを当てにできるかどうかがわかる。同僚についてすでによく知っていれば、それほど相手の自信レベルに頼る必要はないが、もし初対面の相手だったら、相手の実力はわからないので、自信レベルで判断するしかない。

初めて誰かに会う場面を思い浮かべてみよう。X、Y、Zといった事柄について、その人が得意かどうか判断するには、相手のその分野に対する自信レベルを基準にする。相手が「自分は泳ぎが得意だ」と言えば、あなたはそこから、きっとスポーツが好きで、健康で、もしかしたら幸せでもあるかもしれないと考える。しかし、この判断の根拠になっているのは、相手の「泳ぎが得意だ」という自己申告だけだ。

それと同様に、相手がどこかの一流大学出身だと言えば、きっと頭がよくて、成功していて、もしかしたら金持ちでもあるだろうと考える。しかしここでも、こう考える根拠は相手の自己申告だけだ。最終的にどんな推論を導き出そうとも、ここでのあなたの目的は相手の能力レベルを測ることであって、自信レベルはどうでもいい。しかし、能力レベルを知るには、自信レベルを判断材料にするしかないのだ。自信過剰の傾向があるとわかっている人なら、自己申告からいくらか割り引いて考えることもできるだろう。そして自信が低すぎるタイプが相手だったら、その逆の作業を行う。

ここで大切なのは、相手の自信レベルをいくら正確に把握できても、それで実際の能力がわかるわけではないということだ。自信満々なタイプの大半は、自分の能力を過大評価している。

人類が自信と実力を混同してしまうのは、生物学的に仕方のないことだ。先史時代の先祖たちは、現代人ほど感情を偽るのが得意ではなかったかもしれない。そのため、相手の自信レベルを知れば、能力レベルもだいたい正確に知ることができただろう。

チャールズ・ダーウィンの有名な言葉によると、人類が感情を発達させたのは、種の生存に関係ある情報をやりとりするためだという。同じ部族の人間が捕食動物を見つけたら、その恐怖や不安が部族の他のメンバーにも伝わり、危険を察知して備えることができる。それに、部族のメンバー同士で感情のコミュニケーションができたほうが、できない部族よりも生き残る確率が高くなるだろう。

また、ポジティブな感情を表現することには、競争を勝ち抜くうえでの利点もある。部族の他のメンバーや他の部族から、強そうで、力がありそうで、安全そうだと思ってもらえるからだ。人類の祖先たちは、狩りや交尾に成功すると、能力の高さを感じさせる自信を表現した。そして失敗すると、自信喪失や弱さを伝える感情を表に出す[注1]。つまり、今から数百万年前は、自信と実力は同じものだったのだ。自信は単に、実力を目に見える形に変えたものだった。

しかし、感情を正直に出すことには、進化上の不利益もあった。敵や肉食動物に、不安や

[注1] 強すぎて自分ではコントロールできない感情があるのは、自信と実力の間に進化的なリンクがある証拠だ。たとえば、恥ずかしいと感じると顔が赤くなる。赤くなるのを止めようとするほど、顔はさらに赤くなる。同じように、ストレスを感じたとき、または興奮したときも、反射的に恐怖や喜びの感情が表に出てくるだろう。

恐怖といった感情を読み取る能力があったら、相手はそれを利用してあなたに襲いかかるだろう。だから、恐怖は隠したほうがいい。自信がありそうに見える人は襲われず、むしろ尊敬されるが、自信がなさそうな人は弱さがバレて格好の獲物になる。

つまり生き残るのは、自信がありそうに見せるのがうまい人たちだ。たとえ自信を裏付ける実力がなくても、ここでは関係ない。本当の感情を隠すことができれば、進化上も有利に働き、日々の社会生活でも有利に働く——ただし、本当の実力がバレなければの話だが。それに、虚勢を張るのが当たり前のような風潮になると、実力がないのにあると思わせるのはさらに難しくなる。

この章では、他人にとって価値のある自信は、実力に裏打ちされた自信だけだということを証明していく。それに加えて、評判の大切さについても見ていく——評判とは、他人が考えるあなたの実力だ。評判はだいたいにおいて無視できない力を持つ。評判の中身が正しいかどうかは関係ない。自信と実力のギャップを埋めるには、他人から見た自分を正確に把握する必要がある。せっかく能力を高めても、他人に気づいてもらえなければまったく意味がないからだ。

人格が運命なら、評判は宿命だ

「運命」と「宿命」はたいてい同じ意味で使われるが、厳密には、「宿命」は「運命」よりもさらに避けられない事態のことを言う。また、「人格」も「評判」もだいたい同じだと考えられているが、ここでも厳密に言えば、「人格」は自分のアイデンティティであり、自分から見た自分のことを指していて、「評判」は他人から見たあなたの人格だ。

もちろん、人格や評判だけで、あなたのすべてを語れるわけではない。人間はきわめて予測のつかない生き物で、心理学者や未来学者でも、人間の次の行動を正確に言い当てるのは不可能だ。その一方で、人間は習慣の生き物でもある。そして習慣は、人格よりも評判のほうに反映される。

人格と評判の関係を考えれば、それも当然だろう。評判によって人格が形成されることはよくあるが、その逆はあまりなく(理由は前章で説明した通り)、人格よりも評判のほうが分析しやすいからだ(たいていの人の自分観はかなり偏っているため)。次にあげる例について考えてみよう。

ブライアン・コンリー博士とデニズ・ワンズ博士は、人間の未来の行動を予測するうえで、評判と人格のどちらが当てになるかという調査を行った。未来の行動の中身は、大学の成績、仕事の業績、人間関係などだ。数百におよぶさまざまな研究(被験者は数千人になる)を調査した結果、調べた限りすべての分野で、人格（自分が考える自分）よりも評判（他人から見た自分）のほうが、正確に未来を予測していた。

つまり、人の能力を判定する場合、本人の意見よりも他人の意見のほうが当てになるということだ。ここまで読んだあなたなら、もうそう言われても驚かないだろう。ある人がどんな人かについては、だいたい本人よりも他人のほうがよくわかっているが、こと能力に関しては、他人の意見のほうがはるかに正しい。

たとえば、ある人の精神の安定とバランスを第三者に判定してもらう場合、他者からの評判のほうが、本人が考える人格よりも、ずっと正確に判定結果を予測することができる。リーダーシップ能力、創造性、セルフマネジメント・スキル、勤勉さなどの項目についても、他人の評判のほうが、未来の仕事のパフォーマンスを正確に予測できた。自分を律する能力、情緒の安定、精神のバランス、社交スキルについても、自分の評価よりも他人の評判のほうが、ずっと正確に将来の学業成績を予測できた。

コンリーとワンズの調査は主に大人を対象にしているが、子供でも同じ結果になる。たとえば、私は同僚のデニス・ブラッコと共同で、中学生を対象に、人格と評判の関係について調査を行ったことがある。まず自分の人格についての自己申告を提出してもらい、それから評判についてクラスメイト（対象となる生徒の隣に少なくとも一年は座っていた子供）に尋ねる。質問の内容は、さまざまな性質について点数をつけてもらうという形だ。

結果は大人のときと同じで、人格と評判は、完全には一致しなかった。両者の答えが重なるのは、20％から30％くらいだ。コンリーとワンズの調査と同じように、その生徒の本当の能力（この場合は学校の成績）を知りたかったら、生徒の自己申告よりも評判を基準に判断したほうが正確に予測できた。現に、自己申告で同じくらいの点数をつけた生徒の間で比較しても、評判による点数の間には大きな開きがあった。一方で、評判で同じくらいの点数だった生徒の間で比較してみると、今度は自己申告の点数で大きな開きがある。

この調査結果からは、二つのことが読み取れる。第一に、自己申告と評判が異なる場合は、たいてい自己申告のほうが間違っている。第二に、評判の内容に納得できなくても、おそらく評判のほうが正しい。

それなのに私たちは、自分のことは自分がいちばんよくわかっていると考える。理由の一つは、そう信じることで、「自分がコントロールしている」という感覚を持つことができるからだろう。

実際のところ、たいていの人は、自分の人生はまったく予測がつかないが、他人の人生は簡単に予測できるという幻想の中で生きている。この矛盾する二つの考え方を、自分と他者の行動にも当てはめ、その結果ダブルスタンダードができあがるのだ。他人の行動は性格で説明され（「あの人はバカだから」「つまらない人だから」「だらしない人だから」）、そして自分の行動は、予測できない外側の出来事によって説明される（「電車が遅れたんだ」「交通渋滞に巻き込まれてしまって」「それは彼の責任だ」)。ただし、褒められるような行動の場合には、自分の能力や才能のおかげだと考える。

このダブルスタンダードの根底にあるのは、自分は他人よりもずっと複雑だという思い込みだ。つまり、自分以外の人はみんな生まれつきの性質の通りにしか行動できないが、自分はさまざまな行動の中から状況に応じて選ぶことができる。人格は、他人にとっては運命かもしれないが、自分にとっては自由意思による選択だ——または、本人はそう考えている。

プリンストン大学の心理学者、エミリー・プロニンとマシュー・カグラーは、この「自由意思バイアス」を、他の自分に都合のいいバイアスと結びつけて考える。二人が最近行った一連の研究によって、人は自分の人生は他人より複雑だと考える傾向があることがわかった。他人と比べると、自分の過去と未来はより予測が難しく、人生でたどる可能性のある道の数も多い。それに他人と違い、自分の意思と目的意識に従って人生を歩んでいる[注2]。

プロニンとカグラーは、大学生を対象に、これからの人生で起こりそうなことを、自分とルームメイトに分けて予測してもらった。人生の出来事は、いいこと(やりがいのある仕事、高級マンション、幸せな恋愛など)もあれば、悪いこと(退屈な仕事、ぼろアパート、失恋など)もある。結果は予想通りで、たいていの学生は、ルームメイトのほうが出来事の少ない人生を歩むと答えている。それは悪い出来事の場合でも同じだった。

この自由意思という幻想は、自分に都合のいいバイアスより優先される。他人より優秀であることよりも、自由であることのほうが好まれるということだ。たとえ自由のせいで苦労が増えようとも、自由のほうがいいと考える。

たとえば、卒業後にぼろアパートに住む、または高級マンションに住むという項目では、自分がどちらかになると答えた学生は68％だったのに対し、ルームメイトがどちらかになると答えた学生はわずか32％だった。いい友達がたくさんできる、または友達が少ないという項目では、自分がどちらかになると答えた学生は52％、ルームメイトがどちらかになると答えたのは28％だ。やりがいのある仕事に就く、または退屈な仕事に就くという項目でも、自分がどちらかになると答えた学生は72％で、ルームメイトがどちらかになると答えたのは56％だ。

調査に参加した学生たちは、人生の幅広い領域で、自分にいいことが起こる可能性も、悪いことが起こる可能性も本気で信じていた——つまり、自分の人生はまだ決まっておらず、可能性に満ちているということだ。その一方で、ルームメイトの人生に関しては、だいたいにおいてすでに決まっていると考えている。もちろん、現実にはルームメイトの人生にだって何かは起こるはずだ。だからこの調査からわかるのは、この「自由意思バイアス」という現象がごく一般的であり、同時にきわめて非論理的だということだ。

もう一つ大切なのは、他人からの評価は、それが正しいかどうかに関係なく、自分に影響を与えるということだ。心理学者のロバート・ローゼンタールと、小学校校長のレノア・ジエイコブソンが、有名な実験を行っている――小学校の教師に、担当する児童のIQテストの結果だと言って、嘘の情報を渡すという実験だ。

教師はその結果を見て、児童の頭のよさを判断するので、その判断によってそれぞれの児童への対応が違ってくる。IQテストの結果がよかった児童は頭のいい子として扱い、結果が悪かった児童は頭の悪い子として扱ったのだ。しばらくすると、教師の態度が実際に児童の成績に影響するようになった。頭のいい子として扱われた児童は成績が上がり、頭の悪い子として扱われた児童は成績が下がったのだ。

この現象は、「自己充足的予言」と呼ばれている。誤った思い込みが、結局は正しい予言になるという意味だ。ローゼンタールとジェイコブソンは、これを「ピグマリオン効果」と呼んだ。ピグマリオンとはギリシャ神話に登場する彫刻家の名前で、彼は自分が彫った美しい乙女の像を真剣に愛してしまい、思いが叶って彫刻が人間になり、二人は結ばれるという物語だ。ローゼンタールとジェイコブソンの実験以来、教育の場だけでなく職場でも、数多くのピグマリオン効果の実例が確認されている[注3]。

もしかしたら、他者からの評価が自分の能力に影響を与える（その他者が権威ある立場の人なら、特にその影響力が大きくなる）という現象が一因となり、能力は同じくらいなのに、実際の業績や成績に差が出てしまうということが起こるのかもしれない。たとえば、男女の間でIQの違いは存在しないのだが、多くの人（特に男性）は、男性は女性よりも賢いと信じている。そしてピグマリオン効果により、実際に男性のほうが女性よりも実績を出すことになる。

私は同僚のエイドリアン・ファーンハムと共同で、この現象についてたくさんの調査を行った。するとすべての調査で、女性より男性のほうが優秀だと考えている人が多いという結果になった。男性だけでなく女性までも、男性のほうが能力があると評価している。

評価の差は、男性が評価するときに特に大きくなった。たとえば、自分の娘と息子の能力を評価する場合、父親の評価のほうが母親の評価よりも差が大きくなった。そして、子供が親の能力を評価する場合も、娘よりも息子のほうが、父親と母親の能力の差を大きく見る傾向がある。

国によって、この傾向が大きくなることもあれば、小さくなることもある。たとえば、トルコ、アルゼンチン、日本など「男性優位」とされている社会では、男性の能力をかなり上に見る傾向があるが、デンマーク、フィンランド、スウェーデンなど「女性的」とされる社会では、男女の評価の差は小さくなる。とはいえ、この傾向が存在することは万国共通だ。

ここでまた確認しておくが、男女の間に実際のＩＱの差は存在しない。むしろ、女性のほうがわずかに高いくらいだ。たとえば、アメリカなど先進工業国の多くでは、大学に進学するのは女子のほうが多く、また進学してからも女子学生のほうがいい成績を上げている［注4］。

ＩＱの場合と同じように、リーダーシップのスキルでも、多くの研究によって男女の差は存在しないことが証明されている。それなのに、企業の幹部の男女比を見ると、男性のほうが圧倒的に多い。たとえば、世界でトップ五〇〇に入る企業のうち、女性がCEOに就任しているのはわずか一四社だけだ。

男女の間で実際の能力差は存在しないとしたら、なぜこんな事態になるのだろうか。それは、他人からの評価は、たとえ正しくなくても、私たち（この場合は女性）の能力に影響を与えるからだ[注5]。リーダーシップの能力に関して言えば、責任ある立場にある人の大半（つまり男性）が、リーダーは男の仕事だと考えている。

カリフォルニア大学サンディエゴ校の心理学者、アン・ケニーグは、人々のリーダーシップに対する考え方について、数多くの過去の研究を見直す形で包括的な調査を行い、「男性のほうがリーダーシップの能力が高い」という偏見がたしかに存在することを証明した。彼女の結論によると、男性のほうがいいリーダーになると社会が信じているので、男性的な資質ばかりがリーダーに必要とされるようになったという。その結果、リーダーになるのは男性にとってますます簡単になり、そして女性にとってはますます難しくなる。「リーダーは男の仕事という偏見は社会に深く根付いているので、女性にとってはまだしばらく受難の時代が続くだろう」と、ケニーグは言う[注6]。

七〇五人の企業の女性幹部（フォーチュン一〇〇〇企業で副社長以上の地位）を対象に調査したところ、72％が、「女性の役割と能力に関するステレオタイプ」が自分のキャリアで大きな障害になっていると答えている［注7］。

しかし実際のところ、女性のほうが男性よりもいいリーダーになることは、さまざまな調査によって証明されているのだ。たとえば、女性リーダーのほうが部下のことをより気遣い、部下にやる気を出させるのがうまい。また女性リーダーは、無茶なリスクを取らず、それに汚職に手を染める可能性も低い。それならば、女性リーダーを増やしたほうが、組織にとっても社会にとっても利益になるのは明らかだ。

ヘンリー・フォードは、「できると考えても、できないと考えても、どちらも正しい」という有名な言葉を残している。つまり、自信は自己充足的予言であり、実際の能力に影響を与えるということだ。フォードの言葉をもっと正確に言い換えれば、「他の人があなたはできると考えても、できないと考えても、どちらも正しい」となるだろう。その他人があなたをよく知っている場合や、あなたの将来を決める力を持っている場合、その傾向は特に大きくなる。

［注5］この偏見がもっとも顕著に現れるのは、インド、韓国、中国などで見られる「性別による中絶」だろう。娘よりも息子のほうが能力が高いという思い込みがあるために、お腹の子供が女の子だとわかると中絶するのだ。そのせいで人口の男女比の不均衡が生じている。M. Hvistendahl, *Unnatural Selection: The Consequences of Choosing Boys over Girls*（New York: Public Affairs, 2011）を参照。

他人が評価するのは、自信ではなくて謙虚な態度

世間では自信がもてはやされていて、社会生活での利点が盛んに指摘されているが、さまざまな調査の結果によると、人は結局のところ自信よりも実力を評価している。実際、自信の総量から実力の総量を引いて、自信がプラスになるのは、好ましくないという印象を与える。逆に、自信よりも実力のほうが大きい人、つまり謙遜している人は、自信家よりも人から好感を持たれる。

ランドール・コルヴィンが行った自信過剰に関する調査によると、自己評価のほうが他者からの評価を上回るような人は、自己評価と他者からの評価がだいたい一致している人よりも、人間関係で問題を抱えるか、またはそもそも交友関係が乏しくなる。それに加えて、数多くの心理学の実験によると、控えめな人柄のほうが人生の全般でうまくいくという。

ここでのメッセージは明らかだろう。実力の裏付けがない自信は評価されないということだ――そして、たとえ実力の裏付けがあっても、自信は小さいに越したことはない。

ウィルヘルミナ・ウォジンスカ博士が率いるアリゾナ大学の心理学研究チームは、謙虚な態度がもたらす効果についての実験を行った。博士のチームはまず参加者を集め、誰かが会

社で昇進するという架空のシナリオを読んでもらった。昇進する人は、男性も女性もいる。たとえば、「昇進した女性は勤続五年で、ここ三カ月で誰よりも成果を上げた。あなたはみんなの前で彼女の昇進を祝福し、『きっと自分が誇らしいでしょうね』と言う」というシナリオがあり、そして昇進した女性からの反応が、次の三通り用意されている。

「ありがとう。ええ、私って本当にすごいと思う。絶対に昇進すると思ってた」（控えめ度は低い）

「ありがとう。私も今朝聞いたところなの。まだ正式に決まっていなかったけれど」（控えめ度は中くらい）

「ありがとう。でも運がよかっただけよ」（控えめ度は高い）［注8］

次に参加者は、自分が昇進した人物の同僚か上司だとしたら、どの程度その人物の力になるかという質問を受ける。力になるとは、たとえばその人の業績を宣伝したり、昇進の候補に推薦したり、今よりも大きな責任を与えたり、リーダーの役割を任せたり、といったことだ。ここでの答えを、その人物の全般的な好感度と統合し、謙虚さの度合いと好感度の関係を調べる。その際、ウォジンスカ博士のチームは、評価する人（実験の参加者）と評価される人（架空のシナリオの登場人物）を、男性と女性に分けて分析した。

あなたはおそらく、控えめ度が低い人がもっとも人気がないと予測しているだろう。たしかに、評価する参加者が男性でも女性でも、より控えめな人を好む傾向がある。ただし、登場人物が男性の場合、中くらいの控えめ度がいちばん人気があったが、登場人物が女性の場合は控えめ度が高い人がいちばん人気があった[注9]。

この実験からわかるのは、つまりこういうことだ——たとえ実力があっても、謙虚な態度は仲間を増やし、自慢すると仲間をなくす。ウォジンスカ博士のチームはこう言っている。「控えめな態度で業績を上げる人は、同僚の自尊心を脅かす存在にならないようだ。しかし、自分の業績を吹聴する人は、同僚から恨まれる傾向がある」[注10]

架空のシナリオではなく、現実の世界を対象にした調査でも、謙虚さの利点は証明されている。マネジメント論の権威であるジム・コリンズは、三十年以上の歳月をかけて、ある企業が他の企業より成功する理由、特に大成功を収める企業の特徴を研究してきた[注11]。そしてコリンズが出した結論は、「謙虚なリーダーシップ」だ。謙虚なリーダーが率いる企業は、たいていライバル企業よりも業績がいい。つまり、理想のリーダーは、メディアでもてはやされているようなカリスマ性のあるワンマン経営者とは正反対のタイプだということだ。

このコリンズの結論は、四つの確固とした事実を根拠にしている。一つ目は、謙虚なリーダーは、そうでないリーダーよりも長く職にとどまるという事実。二つ目は、謙虚なリーダーが率いる企業は、たいてい業界トップの地位にあるという事実。三つ目は、そういった企業は、そのリーダーが去ってからも業績を上げ続けるという事実――なぜなら、謙虚なリーダーは自分のことよりも会社や部下のことを第一に考えるので、自分が去る前にきちんと後任を選び、健全な移行ができるようにするからだ。そして四つ目の事実は、謙虚なリーダーは汚職やスキャンダルとは無縁だということだ。汚職、インサイダー取引、浮気、いじめといった行為は、すべて自信過剰で傲慢な性格と結びついている。その証拠が欲しいなら、新聞を読むだけで十分だろう。

それでは、以上のようなことはいったい何を意味しているのだろうか。それは、実力がものを言うのは、謙虚な態度と組み合わさったときだということだ。そしてもう一つはっきりしているのは、他人が興味を持つのは、あなたの自信ではなくて実力であり、それに自信は低いほうが他人に好かれるということ。これは実力の度合いにかかわらず言えることだが、実力が低い場合は特にこの傾向が強い。

ここで注目してもらいたいのは、個人主義と自己愛と自己顕示が幅をきかせる欧米の社会であっても、謙虚な態度のほうが評価されるという調査結果が出たということだ。アジアなどの集団社会では、謙虚さや控えめな態度の価値はさらに高くなる。傲慢さを抑えて謙虚さ

[注9] ちなみに、このような男女差が存在するのは、控えめ度の高い女性は男性よりもたくさんいて、それに女性の控えめな態度が男性と違って本物だという事実で説明できるだろう。

を保つ努力は、欧米の比ではない。とはいえ、この「自分、自分」の欧米社会でも、自信の高さが魅力になったり、尊敬の対象になったりすることはめったにない。むしろいちばん価値があるのは、「実力があるのに謙虚」な態度だ。

誰もが心理学者だ

実力と謙虚さよりも価値がある性質があるとすれば、それは「予測のしやすさ」だ。前にも見たように、私たちは、他人の人生は予測可能で、自分の人生は予測できないと考えている。心理学の研究でくり返し証明されているが、現代人がいちばん求めているのは、他人の次の行動を予測することだ。この強い欲求によって、私たちは人間の行動原理について深く考えるようになった——あの人はなぜ、これではなく、あれをしたのだろうか？　そして心理学者を見つけると、たいていの人は「あなたは人の心が読めますか」と尋ねる。実際のところ、心理学者も普通の人と変わらない。世界中の誰もが、他人が考えていることを知り、そこから他人の行動を予測しようと躍起になっている——それは子供でも同じだ。

子供は二歳くらいになると、大人の意図や目的を理解するようになる。そして五歳になるころには、相手の思い込みは間違っているかもしれないということに気づくようになる。そして大人になると、100％自分の感覚だけを頼りにして、他人の行動原理を読み取ろうとするようになる。そのプロセスは、簡単な三つのステップに分けられる。

ステップ❶：他人の気になった行動を観察する――たとえば、誰かが自分を見ている。

ステップ❷：その人の動機を推測する――たとえば、友好的、非友好的、何か知りたそう、ニュートラル、など。

ステップ❸：そういう動機にいたる理由を考える――たとえば、「ああいう人だから」「こういう状況だから」など。

他人の意図を推測したり、批判したりすることがなければ、この世に偏見や差別は存在しないだろう。偏見や差別とは、ある人の行動が、属している集団（民族、国、性別、性的指向など）によって決まるという考え方だ。さらには、相手に自分を傷つける意図がある、自分に脅威を与えるといった思い込みもなくなるので、争いも存在しなくなる。しかし人間は、他人の意図をあれこれ推測し、批判せずにはいられない生き物だ。仮にそれがなかったら、次のような事態になるだろう。

●法律が存在しない（どんな意図か判断することによって、その人物が有罪か無罪かが決

まるから）。
●親密な関係が存在しない（相手の意図を理解することで、相手が自分を好きかどうか判断できるから）。
●商取引が存在しない（相手の意図を読み取ることで、相手が欲しいものを探り出せるから）［注12］。

次のシナリオについて考えてみよう。

電車やバスのボックス席で、他人と向かい合わせになって座ったことはあるだろうか。構造上、向き合ってしまうのは仕方がないが、それでも相手の目をじっと見ないのがこの場合のエチケットだ。見るとしてもほんの数秒で、目が合ってしまったらすぐに視線をそらすのが正しい。相手が目を合わせてくるのは、こちらを見ないでくださいというサインだからだ。それなのにいつまでも視線をそらさないのは、世界のどんな文化でも奇妙なこととされている。それでは、もし向かいに座った人にじっと見られたら、あなたはどうするだろう？

先ほど登場した三つのステップに従えば、まずは相手の行動を観察することになる。この場合は、相手がこちらを見ているということに気づく段階だ。そして次のステップで、相手が自分を見ている理由を解明しようとする。動機の推測だ。ただの好奇心なのか、それともどこかで会ったことがあるか思い出そうとしているのか。相手の動機は友好的なのか、それとも非友好的なのか。ここで特に大切なのは、相手の友好度を測ることだ。もし非友好的に見えたら、危険があることが推測される。友好的に見えるなら、奇妙な状況ではあるが、相手に好感を持つかもしれない。

最後の三つ目のステップはさらに重要だ。今の状況が原因で相手が自分を見ているとしたら、その人は普段は知らない人をじっと見たりしないということだ。それはつまり、あなただからじっと見ているということになる(たとえば、あなたの見た目や行動に原因がある)。一方で、相手の性格に原因があるとするなら、特にあなただから見ているというわけではない(たとえば、相手は普段からマナーがなってないか、好奇心が強すぎるか、またはその両方)。

一般的な解釈は後者のほうだろう。なぜなら、あなた自身に問題があるというオプションが排除されているからだ。しかし、当事者ではなく、外側から観察する第三者でしかない場合は、どうやって相手の意図を解釈すればいいのだろうか。

そもそも、人はどうやって他人の行動の意図を解釈しているのか。それを解明するには、「沈黙の面接」と呼ばれる調査方法が役に立つ。

[**注12**] 他人の意図を読み取ることの重要性についてさらに詳しいことが知りたかったら、G. D. Reeder, "Mindreading: Judgments About Intentionality and Motives in Dispositional Inference," *Psychological Inquiry* 20, no.1 (2009):1-18を参照。

実験の参加者を集め、緊張した様子で就職の面接を受けている人の映像を見てもらう。映像だけで、音はない。参加者を二つのグループに分け、一つのグループには、面接で厳しい質問を受けている場面だと説明し、もう一つのグループには友好的な質問を受けている場面だと説明する。次に参加者は、面接を受けている人の性格を想像するように言われる。すると友好的な質問だという説明を受けたグループは、厳しい質問だという説明を受けたグループよりも、「緊張しやすい性格」という答えが多かった。

しかし、どちらのグループも、性格を推論する方法は同じだ——観察した行動を、自分が考える普通の行動と比較するのである。同じ状況だったら普通はどう行動するか、特に自分はどう行動するかを考えて、映像の人物の性格を推測していた。ここで目を引くのは、「面接で厳しい質問をされる」という特殊な状況であり、判断を保留にしてもおかしくないような場合にもかかわらず、参加者たちが「普段はもっと落ち着いているに違いない」と推測したことだ。普段から緊張しやすい人も、この状況で同じようにふるまうだろうし、むしろ普段は落ち着いている人よりもそうなる可能性は高いはずだが、それでも「普段は落ち着いている」と考える人が多かったのだ。

この実験から何が読み取れるのだろうか？　それは、人はいつでも他人を勝手に解釈し、行動の理由を勝手に推測しているということだ。そのためには、架空の物語を作ることだってある。まるで誰もが心理学者のまねごとをしているかのようだ。他人の行動を予測するために、その人が欲しがっているもの、考えていること、感じていることを知ろうとする。つまりあなたの性格に関心を持っているのは、あなただけではないということだ。そして、外に現れた性格は、内面に隠れている性格よりも、一〇〇倍は重大な意味を持つ。この点について、次からさらに詳しく見ていこう。

あなたよりあなたをよく知っているのは、周りの人

他人はどれだけ正確にあなたという人間を把握しているのだろうか。彼ら観察者の解釈が正しいかどうか判断するのは大切なことだが、しかしその方法は？　正しさを測定するベンチマークのようなものはあるのだろうか？

ここで真っ先に思い浮かぶ答えは、「自分自身の解釈」だろう。しかし、たいていの人は偏向しているという事実を踏まえると、自分の解釈が正しいかどうかも実は定かではない。他人が考えるあなたと、あなたが考えるあなたの間で違いがあるとき、どちらが正しいか判定するのは至難の業だ。また、他人が考えるあなたも、人によって異なるだろう。そこで、どの人の判断を「他人の見方」として取り入れればいいのかという疑問が出てくる。しかしありがたいことに、この問題を解決してくれる科学的な研究が存在するのだ。

前にも登場したブライアン・コンリー博士とデニズ・ワンズ博士は、他者からの評価と自己評価の関係についての研究を数百にわたって集め、結果を統合した（研究の対象者はトータルで四万人以上になる）［注13］。その結果わかったのは、他者からの評価と、自己評価の間には重なる部分もあるが、それよりも違う部分のほうが多いということだ。

またコンリーとワンズは、私たちの自己評価は、ある種の他人の評価と一致するということも発見した。つまり、他者からの評価と自己評価の違いが大きいこともあれば、小さいこともあるということだ。これは直感的に理解できるだろう。たとえば、家族、友人、長い付き合いの恋人や配偶者の場合は、自己評価と他者からの評価がだいたい一致するが、同僚やたまに一緒に仕事をする人、まったくの他人だったら、一致することはあまりない。

とはいえ、自己評価と他者からの評価が一致する理由はそれだけではない。どうやら、性格のどの部分を評価するかということも関係してくるようだ。たとえば、社交性や野心については自己評価と他者からの評価が一致するが、謙虚さや自信、そして特に知性については違いが大きくなる。この現象は、観察しやすいかどうかという点で説明できるかもしれない。社交性や野心は外から見てもわかりやすいが（たとえば、社交的な人はおしゃべりでよく笑う、野心的な人はエネルギーがあって押しが強い、など）、謙虚さ、自信、知性は、内面のことなので外からはわかりにくい。

ということは、内面的な性質については、つねに自分の評価のほうが正しいのだろうか？

他者からの評価の正しさを判定する場合、つねに自己評価を基準にすることができるのだろうか?

いいや、そんなことはない。コンリーとワンズは、ある人物を複数の人に評価してもらった場合、他者からの評価はどこまで一致するかという調査も行った(もう一度確認するが、二人が使ったデータは数百におよぶ研究結果であり、参加者は数千人にもなる)。その結果、たとえ自己評価と他者からの評価の間に大きな違いがあっても、他者の評価の間にはそれほど大きな違いはないことがわかった。

つまり言い換えると、自己評価と他者からの評価は違うかもしれないが、他の人たちはあなたについてだいたい同じ意見を持っているということだ。親密さの度合いが同じくらいの人たちは、特にその傾向が強い。赤の他人からの印象、同僚からの印象、友人からの印象は、それぞれだいたい一致する[注14]。

このことからわかるのは、自己評価と他者からの評価が大きく異なる場合は、他者からの評価のほうが正しいと考えるのが理にかなっているということだ。彼らはあなたの中に同じものを見ている。もし、あなたに同意する人が他にまったくいなくて、他の人はみんなが同

[注14] あなたも自分で試してみよう。自分はどんな人間だと思うか友達に尋ねてみれば、だいたい同じような答えが返ってくるはずだ。あなたの意見は違っても、彼らの意見は一致している。

じ意見を持っているなら、自分のほうが正しいと主張することなんてできるだろうか。

トマス・ペインは、いみじくもこう言っている――「われわれの評判は、他人がわれわれについて考えていることである」。本人が他人の意見に賛成だろうが反対だろうが関係ない。自分の人格について知りたかったら、神様か天使か、とにかく自分が信じている聖なる力に尋ねるしかないかもしれない――またはグーグルだろうか？

もし直感的に「それはおかしい」と感じるなら、「人の意見なんて気にしなくていい」というアドバイスを聞きすぎたからかもしれない――これは、自己愛と自己顕示が氾濫するこの時代ならではのアドバイスだろう。反骨精神を奨励しているようではあるが、中身は生ぬるい。「自分を愛し、自分らしくありなさい。人の言うことなんて気にしてはいけません」という考え方を土台にしながら、その哲学を信じる人たちに大量消費してもらうことを目的にしているだけだ。

人の評判を気にするのを嫌がるのは、なにも今に始まった風潮ではない。今から一世紀以上も前には、高名な社会学者のチャールズ・ホートン・クーリーがすでにこう言っている――「多くの人が、自分が他人の評判を気にしていることに気づいていない。そして、自分は他人の意見の影響を受けたりしないと、おそらく怒りを交えながら主張するだろう」［注15］。どうやら人は、百年前からそれほど変わっていないようだ。

なぜ人の評判を気にしなければならないのか

他人からの評価を気にしなければならないというよりも、むしろ本当の自分を知るには、それしか方法がないと言ったほうが正しいだろう。他人からの評価は、本人の自己評価の影響を受けている部分もたしかにあるが、基本的には実際の行動を見て判断しているからだ。私たちはいつも自分のことばかり考えているので（少なくとも、他人があなたについて考えるよりはたくさん考えているはずだ）、なかなかこの点に気づかない。人々が興味を持っているのは、あなたの自己イメージではなく、あなたの行動だ。昔から言われているように、「考えているだけでは向上できない。行動してこそ向上できる」ということだ。

自分の行動に注意しよう。特に、自分の行動が他人からどう解釈されるか考えること。そうすれば、本当の自分というものが、よりはっきりとわかるようになるだろう。その努力を怠っていると、かなりとんちんかんな自分像ができあがってしまう――誰からも共感してもらえない自己評価だ。自己中心的になりたくなかったら、ただ他者中心的になればいい（もちろん、これはかなりのアップグレードだが）。

他人の意見は気にしないという考え方は、たしかに魅力的だが、完全に間違っている。そもそも、なぜこの考え方は魅力的なのだろうか。それは、まるで自由と成功へのパスポートのように宣伝されているからだ。では、なぜ自由と成功へのパスポートになるのか？　それは、次のような理屈だ——他人の意見を気にするのをやめれば、社会のプレッシャーから解放されて自由になり、地位と栄光を手に入れることができる。では、なぜこの理屈がバカげているのか？　それは、地位と栄光を手に入れることは、社会のプレッシャーから自由になることと正反対だからだ。つまり、他人の意見を気にしなくていい二つの理由は、そもそも互いに矛盾していて、両立しないのである。

他人の意見を無視して地位や栄光を手に入れた人はいない。成功した人は、むしろその正反対だ——他人の意見を最大限まで気にしている。私は今までに、たくさんの企業幹部の研修を担当してきた。研修の目的は、同僚や上司、部下との関係を改善することだ。研修の成果がきちんと出たのは、他人の意見の大切さが理解できた人だけだ。そして理解できなかった人は、例外なく左遷されるか、降格させられている。

他人の意見を無視していると成功できないことはわかったが、それでは「他人の意見を無視すると自由になれる」のほうは本当なのだろうか。答えは「ノー」だ。むしろ、自由になるには、他人の考えを理解することが欠かせない。

他人の考えを理解しようとするという経験がないと、言語の習得といった、正常な発達段階を確立することができない。その極端な例が、オオカミやチンパンジーに育てられ、幼少期に人間とまったく接触しなかった子供だろう。子供が言葉を覚えるプロセスを考えてみよう。耳に入ってきた音をまねて、その音と物事を結びつけ、そして自分の限られた語彙の範囲で、他の物事について質問する。そうやってたくさんの言葉を獲得していく。

ここで大切なのは、言葉の意味を教えてくれるのは、いつも他の人間だということだ。そのため、他人の考えが理解できないと、ほぼすべてのことが理解できなくなる。発達に問題があり、他人の考えが理解できない子供は、生涯にわたって苦労することになる。そのもっとも顕著な例が自閉症だ。自閉症患者は、どんなに軽度でも他者への興味がごく薄く、精神的に社会から切り離されている。

ジェニファー・ビアー博士のチームの研究など、数多くの心理学の研究によると、他人や自分の感情が理解できないという症状は、脳のある部位に損傷があることと関係があるという。その部位は眼窩前頭皮質と呼ばれ、目の後ろにあり、人との関わりを司っている。

ビアー博士のチームは、被験者を眼窩前頭皮質に損傷のある人とない人に分け、自分について説明するというタスクの結果を比較する実験を行った。どんなタスクがあるかというと、たとえば過去の恥ずかしかった出来事や、罪悪感を覚えた出来事について語ってもらうという内容だ。損傷のない被験者は、たいてい具体的には語らず、「友達を傷つけたときに罪悪感を覚えた」「ジョークがわからなかったときに恥ずかしかった」など、一般的な表現を使って答えた。

その一方で、眼窩前頭皮質に損傷のある被験者の答えはもっと具体的だ。「浮気をして妻を裏切ったときに罪悪感を覚えた」「店の試着室でセックスしているところを見つかったときに恥ずかしかった」など、個人的で隠しておきたいような経験でもそのまま語っていた。それに加えて、そのような過去の出来事を打ち明けたときの感情について尋ねられると、損傷のある被験者は、話したことをまったく後悔していないし、恥ずかしくもないと答えた。現実の世界では、自分が周りからどう見られるかということを気にしない人は、集団にうまく溶け込めない存在になる。

つまり、人の意見は気にしないという態度でいると、自由も名声も手に入らないだけでなく、社会からも孤立してしまうということだ――そして人間が住める場所は、「社会」しかない。ある意味で、人間が他の動物と決定的に異なるのは、他人の思考や感情を読み取る能力がある点だとも言えるだろう。

前にも登場した社会学者のチャールズ・ホートン・クーリーは、「鏡」の比喩を使って、アイデンティティの形成で他者が果たす役割について説明している。クーリーによると、私たちは、「他人が自分をどう見るか」ということに基づいて自己イメージを決めている。自分の人格が他者の中に「映し出され」、その映し出された像を見る能力によって、社会の中に存在する個人としての自分を認識する。

実力よりも自信のほうが高い人は、他者の中の「自分像」が実際よりよく見えている。そして実力よりも自信が低い人は、他者の中の「自分像」が実際より悪く見えている。つまり言い換えると、自信が高すぎる人も、低すぎる人も、他人が自分をどう見ているか正確に把握できていないということだ。

他人が自分をどう思っているかが正確に把握できないと、社会生活にも支障が出る。高名な哲学者のジョージ・ハーバート・ミードも、「個人の精神は、意味を共有する他者の精神との関わりの中だけで存在できる」と言っている[注16]。

もっと最近の話では、心理学者のロイ・バウマイスターも同じようなことを言っている。彼によると、人間は、他者との強い絆を感じたいという気持ちを経験するために進化したという。また彼は、人間の自尊感情が進化した理由は大きく二つに分けられるとも言っている。一つは、社会生活に支障を来すような行動を抑制することであり、もう一つは社会生活を円滑に行うための行動を促すことだ。

たとえば、太りすぎを気にして自尊心が低い人は、その自尊心の低さを解消し、他者から拒絶されるのを避けるために、体重を減らそうとするだろう。失業した、試験に落第したなどの理由で落ち込んでいる人は、自尊心の低さをきっかけに、他者からの承認を失い、人間関係も失うかもしれないと気づくことができる。

このように、どんなに心の奥深くにある感情でも、他者とつながっていて、また他者によって形作られているのだ。そしてそれらの感情のおかげで、私たちは健全な人間関係をはぐくんでいくことができる。

過去三十年の間で、心理学者たちは、いわゆる「自己意識感情」について数多くの調査や研究を行ってきた。自己意識感情とは、屈辱、誇り、罪悪感、恥といった感情のことだ。これらの感情は、喜び、怒り、悲しみ、嫌悪といった基本的な感情とは異なり、他人の目を気にしたときに生まれてくる。この分野の研究の第一人者であるマーク・レアリーは、「自己意識感情は、必然的に他者からの評価を推論することから生まれる。ただ単に自分の行動と自己イメージを比較しているだけではない」と言っている[注17]。

自己意識感情は年齢とともに発達するので、小さな子供の中には見られない。たとえば、もう気づいているだろうが、子供が自分を恥じることはめったにない。大人なら絶対にそうなっている状況でも、子供は平気だ。しかし大きくなるにつれて、他人の目がどんどん気になっていく。そして大人になると、自己意識感情はますます重要性を増し、社会生活を円滑に送るうえで欠かせないものになる。

またそれと同じ意味で、大人の感情は、他者からの評判の受け取り方によっても決まっている。カリフォルニア大学バークレー校のビアー博士の研究チームは、自己意識感情は、自分の自己イメージではなく、他者が自分をどう思うかということと密接にリンクしていることを発見した。

たとえば、ビアー博士のチームによると、人が恥ずかしいと思うのは、たいていの場合、他人からネガティブな評価を受けたと思うときだ。自己評価はそこまでネガティブではなくても、他人の評価のほうが優先される。また、罪悪感の場合も、自分で悪いことをしたと思っていなくても、他人がそう思っていると感じれば罪悪感を覚える。博士のチームはこう言っている。「人が自己意識感情を経験するのは、自分で自分をどう評価するかではなく、自分が考えた他者からの評価が原因になっている」[注18]

つまり、自分という人間を正確に知りたかったら、「他人が考える自分」に注目することが不可欠だということだ。自己啓発のカリスマたちが言っていることとは、むしろ正反対なのだ。他人の意見を無視していると、自由にもなれないし、成功もできない。むしろ、間違った自分像を持ってしまい、他人との関係に支障を来すだろう。ニーチェも言っているように、悪い評判は良心の呵責よりも問題だということだ。良心の呵責を覚えるのは、他人のことを気にかけているからであり、悪い評判が立つのは、他人の意見を気にかけていないことの証拠だからだ。

自分を知ることは、自分を信じることよりも大切だ

どんな分野であれ、その道のプロの特徴の一つは、自分の知識の限界を知っていることだ。現に古今東西の賢人たちは、自信を持ちすぎることの危険を何度も口にしてきた。たとえば

西洋哲学の父であるソクラテスは、「自分が知っているのは、自分は何も知らないということだけだ」という有名な言葉を残している。他の賢人たちも、だいたいソクラテスと同じ考えだ。

そして数世紀がたち、フランスの哲学者で詩人、それに啓蒙時代を代表する知識人の一人であるヴォルテールも、「読めば読むほど、自分は何も知らないという確信が深まる」と言った。そして進化論を生んだ天才であり、歴史に名を残す科学者であるチャールズ・ダーウィンは、「自信は知識から生まれるよりも、無知から生まれることのほうが多い」と言っている。他にも例はたくさんある。私たちは、人類を代表する賢人たちの警告に、もっと耳を傾けるべきではないだろうか。

そして最近では、彼ら賢人たちの正しさが、心理学の研究によって証明されるようになった。それらの研究によると、能力の低い人ほど自信過剰になるという。あまりにも能力が低いので、自分に能力がないことさえも理解できないからだ。この現象は、ユーモアのセンス、趣味のよさ、創造性、知性、各種の体を使うスキルなど、ほぼすべての分野で見ることができる。たとえば、話が面白くない人ほど自分はユーモアのセンスがあると考え、趣味の悪い人ほど自分は趣味がいいと考え、頭の悪い人ほど自分の知性を高く評価する、といった具合だ。つまり、能力が低いと、パフォーマンスの質が下がるだけでなく、自分の能力のなさを理解できないという事態にもつながるということだ。

たとえば私は、教える仕事を始めたばかりのころ、ただ教壇に立って思いついたことを話せばいいと思っていた。自分には面白い授業ができるという確信があったので、準備もしなかったほどだ。たしかに学生たちの笑いを取ることはできたが、優秀な学生たちはすぐに欠陥に気がついた。私の授業には、きちんとした骨組みもなければ、中身もなかったからだ。彼らは講義の概要を読み、そこに書かれている内容を私がきちんと教えていないことに気づく。そして、仕方がないので自分で勉強することになる。

その一方で、あまり勉強熱心でない学生たちは、私の授業を気に入ってくれた。そこには学ぶこともなければ、勉強することもなかったからだ。私も自分の授業に満足していたので、学生からの苦情には耳を貸さず、褒め言葉だけを聞いて喜んでいた。――「授業は面白くなければならないということをわかっている先生がついに現れた」「こんなに活発な討論がある授業は初めてだ」などなど。もちろん、そういった褒め言葉も本当のことかもしれない。しかしその反面、学生が学ばなければならないことは教えていなかったのだ。

数年がたち、学生からの苦情にも耳を傾けるようになると（単純に数が増えたので、そうせざるを得なかった）、最初は少し意気消沈した。教えることに対する自信が揺らぎ、そこから学者としての資質にも疑問が出てきた。しかし、そうやって現実を直視したことで、授業の質を上げるための重要な一歩を踏み出すことができたのだ。

私は、学生が必ず読むべきものをきちんと確認し、授業の準備を念入りに行うようになった。私の自信のレベルは、教えはじめたばかりのころが最高潮で、その後はそこまで回復することはなかったが、学生からの評価は前よりもずっと高くなった。私の教える能力が向上したからだ。

ここで私が言いたいのは、自信の高さは、成長を妨げる呪いにもなるということだ。自分のパフォーマンスに完全に満足していると、否定的なフィードバックを無視し、自分に都合のいいように現実をゆがめる。

それと同じ意味で、自信が低いのはむしろありがたいことだ。自信がないおかげで、自分に欠けているものを知り、欠点克服のために努力することができる。つまり、自信があるときは、たいてい実力はないということだ。それでも、他者からの評価に気づくことができれば、自分をもっとよく知ることができ、自信のレベルも現実に即してくる。

心理学の研究によると、自信が高くなるほど、否定的なフィードバックを無視するようになる。せっかく忠告してくれる人を軽く扱い、自分を褒める人ばかり高く評価する[注19]。自分の能力に自信を持っている人に向かって、「実際はそれほどでもないですよね」と言ったら、いったいどうなるだろうか。相手は冗談だと思うか、または真っ向から反論してくるはずだ。

楽観的で、自分を高く評価している人ほど、否定的なフィードバックを受け取ると、現実を自分に都合のいいようにゆがめる傾向がある。この現象には、「補償的自己肥大」という名前がついている[注20]。自信が現実をゆがめるというこの現象は、実際に目で見ることができる。脳スキャンを使った研究によって、他者からのフィードバックを処理する脳の部位が明らかになったからだ。自信の高い人と低い人とでは、実際にフィードバックへの反応が異なっていたのである[注21]。

ユニヴァーシティ・カレッジ・ロンドンの神経科学者、タリ・シャロット博士の研究チームもまた、現実を楽観的にゆがめる脳の部位を特定することに成功した[注22]。シャロット博士らによると、楽観的な人(現実を実際よりもポジティブに解釈する人)の脳は、ネガティブな出来事を無視する能力(または意思)が高く、問題があることを脳に知らせるシグナルが実際に出なくなるという。

砂に頭だけ突っ込んで隠れた気になっているダチョウと同じで、自信家の脳は、危険を無視することで自分を「守る」ように元からプログラムされているのだ。もちろんそれでは、最終的には自分の不利益になる。それに加えて、自信が高すぎると、人の意見を気にしなくなるので、自分を知る能力がさらに下がる。

実力のない人ほど自信が高くなる理由は他にもある。たいていの人は相手に気を遣うので、面と向かって否定的なフィードバックを与えることはあまりない(実際は、能力のなさを指摘してもらったほうが向上のきっかけになる)。その代わり、まるで能力があるかのようにお世辞を言い、その結果、相手の勘違いはますます大きくなる。大人はよく子供に向かって、いいことが言えないなら黙ってなさいと言うが、たいていの大人は普段の生活でそれを実践し、表向きはいいことしか言わないことが多い。

私たちが普段の生活でいかに社交辞令に縛られているかは、「アメリカン・アイドル」などの素人オーディション番組を見るとよくわかる[注23]。そういった番組では、たいてい実力のない出場者ほど自信満々だ。まるでプロのように堂々と登場しても、実際のパフォーマンスはお粗末ということはよくある。特に早いラウンドではその傾向が顕著だ。

そして、「アメリカン・アイドル」の面白さも実はそこにある。あまりにもお粗末な人が出てくると、どう頑張っても褒めようがない。どんなに優しいジャッジでも、ごめんなさいと言いながらやはり酷評するのだ。

リアリティ番組がこんなに人気があるのは、現実の世界では言えないようなことをはっきり言ってくれるからでもあるだろう。実力もないのに自信過剰な人が、厳しい現実を突きつけられる――普段の生活ではめったに見られないことだ。一方で現実の世界では、褒められる資格のない人を、せっせと褒めなければならない。その結果、褒められた人はさらに自信が大きくなるが、実力は低いままだ。ちなみに、同じようなオーディション番組の「ザ・ヴォイス」では、ジャッジがみな礼儀正しく、ヘタな出場者に対しても現実世界と同じでお世辞しか言わない。だからこちらは視聴率が振るわないのだろう。

［注23］二〇〇六年五月二十四日、番組の投票に参加した視聴者は六三〇〇万人にのぼった。この数字は、アメリカ史上もっとも票を集めた大統領（一九八四年の選挙でのロナルド・レーガン〈訳注：原書発刊当時〉）よりもほぼ一〇〇〇万票も多い。

第3章のまとめ

○自信と実力はたいていまったく違うが、外に向けた自信から実力を判断する人もいるので、自信がなくてもあるふりをすると自分にとって有利に働く。欠点を見えにくくするからだ。とはいえ、実力の裏付けがないなら、あまり自信満々にふるまわないほうが賢明だ——実力の伴わない自信は煙たがられる。逆に、実力があっても謙虚な人は周りから好かれる。

○実力を高めるなら、他人に気づかれなければ意味がない。そうでないと、他人からの評価は変わらないからだ。

○自己充足的予言によって、他者からの評価は実際にあなたの能力に影響を与える。

○評判（他者からの評価）は、自己評価よりもあなたの実力を正確に把握している。

○自分の評判を正しく理解できる人は、社会生活を円滑に送ることができる。他人に対して適切な対応ができ、自分を知らないことによって社会から疎外される危険を避けられる。

○自信の高い人は、たいてい実力は低い。それに加えて、自信があるがゆえに向上するための努力もしない。自信が低いと、自分の弱点に気づき、弱点克服のために努力することができる。現実を自分に都合のいいようにゆがめ、根拠のない自信を持つよりも、自分の現実を正しく把握しているほうがいい。努力しなければならないポイントが見えるからだ。

第4章

キャリアと自信

人生で成功するには二つのルールがある。一つは、知っていることをすべて人に言わないことだ。

――作者不詳

成功する人はどこがすごいのか

この章では、よく言われている「出世の鉄則」が、実は嘘であるということを証明していく。中でも代表的なのは、自信を持ち、自分を信じていれば成功できるという嘘だろう。また、生まれつきの才能も成功には関係ない。

この章を読み終わるころには、あなたも本当の成功の秘訣――成功者たちが、大きなことを達成するために実際にやっていること――が、わかるようになるはずだ。そして、あなた自身のキャリアアップのための秘訣も伝授している。もうおわかりかと思うが、そのための最短距離は、実力をつけることだ。

出世にまつわる三つの嘘

ここで質問だ。まず、自分が知っている成功者を思い浮かべてもらいたい——どんな人でもよく、別に有名人でなくてもかまわない。その人物は、「自信」「才能」「傲慢さ」の三つの資質で点数をつけるとしたら、どんな結果になるだろうか？

あなたはおそらく、「自信」の項目では高い点数をつけるだろう。たしかに、もしここで「大成功しているが自信は低い人の例をあげてください」と言ったら、しばらく考えてしまうに違いない。しかしそれは、成功者がまだ成功する前で、謙虚で優しく、控えめだったころのことを覚えていないからだ。

質問の話に戻ると、あなたは「才能」の項目でもおそらく高得点を付けただろう。もちろん、たいした才能もないのに成功して金持ちになっている人を思い浮かべ、その人のことを苦々しく思っているなら、違う答えになったかもしれない。そして「傲慢さ」の項目でも、その人のことを本当に好きな場合は別だが、たいていは高い点数になるだろう。

私はここ二十年のほとんどを費やして、成功者が成功した理由を探り出そうとしてきた。そのために一〇〇〇冊ほどの本を読み、五〇以上の実験を行い、数百人の専門家に話を聞き、そしてこの分野を代表する研究者の多くと共同研究を行ってきた。

それらをまとめると、最低でも一〇〇万人を対象に、さまざまな分野における能力を分析したことになる。さまざまな分野とは、ビジネス、大学、芸術、スポーツなどで、さらには犯罪も含まれる。各分野で活躍する人に話を聞き、彼らの生い立ちを調べ、そしてもっとも信頼できる方法やツールなどを使って彼らの能力を測定した。調査の対象者の多くは、その後も数年にわたって追跡調査をしている。研究と並行して、キャリアで成功するためのコーチングも行ってきた。そのクライアントの数は数千人になる。

それで、私の出した結論は?

どんな分野であれ、成功者には必ず共通する三つの要素があり、そして「自信」はそこに含まれていない——これが私の結論だ。今のあなたならもう驚かないだろうが、たいていの場合、自信は高いよりも低いほうが成功の助けになる。

成功者に共通する三つの要素の話をする前に、まずは世間で信じられている「出世の鉄則」の嘘を暴きたいと思う。

嘘1：自分を信じれば、何でもなりたいものになれる

ここではっきりさせておこう。たしかに成功している人は自信がある。しかしそれは、自分の能力をよく知っているからだ。実際のところ、成功している人もその他大勢も、自信のレベルにそれほど違いはない。

次の事実について考えてみよう。成功と自信の間にある相関係数は、せいぜいで〇・三だ。つまり、自信のレベルでその人の成功レベルを測定しようとすると、ただの当てずっぽうよりも15%だけ正確になるにすぎない。しかも、この〇・三という数字は、その種の信頼できる調査の中で最大のものを選んでいる。

また、仕事における自信と実力が重なる部分は、少ないながらもたしかにあるが、それも実力があるから自信があるのであって、その逆ではない。言い換えると、仕事で成功すると、たしかに仕事での自信（加えて全般的な自信）は高まるが、しかしどんな形の自信であってても、それが仕事での能力にプラスの影響を与えるという具体的な例はまったく見つかっていない。

スコットランドの哲学者で、人類史上もっとも偉大な思想家の一人に数えられるデイヴィッド・ヒュームは、現代の心理学者がやっと証明したことを、今から三百年前の十八世紀にすでに見抜いていた。それは、現実の世界では、因果関係を実際に目で見て確認するのは不

可能だということだ。私たちにできるのは、「共変関係」を見つけることだけだ。たとえば、Xが起こったときにYも起こる、誰かが成功していたら、その人は自信もある、などといったことが共変関係になる。「AがあればBがある」という関係は認められるが、「Aが原因となってBが起こる」という因果関係が存在するかはわからない。

ここで問題になっているのは、キャリアの成功で自信が果たす役割だ（おそらくあなたも、それが知りたくてこの本を買ったのだろう）。たしかに世の中を見ると、「自信のある人ほど成功している」という共変関係が成立しそうではある。そこで、あなたはこう考える——「もし自信の低さを克服したら、私も成功できるだろうか」。

気持ちはわかるが、それは間違いだ。第一に、成功している人の多くは、それほど自信家ではない。それに前にも見たように、成功と自信の間の相関係数は低い。むしろ、成功していない自信家のほうがたくさんいるくらいだ（あなたにも思い当たる人がいるだろう）。

第二に、成功して、しかも自信がある人の場合も、成功したから自信があるのであって、自信があったから成功したのではない。それなのに、社会から完全に隔絶されて暮らしている人でもなければ、すっかり洗脳されて、成功するには自分を信じるのが唯一の道だと信じてしまっているのだ。できると信じれば、必ずできると思い込んでいる。

自信と成功の関係を科学的に調べるにあたり、現時点での自信レベルと成功レベルだけでなく、過去にさかのぼった時点での能力（才能、スキル、潜在能力など）も含めて分析すると、ただでさえ小さかった自信と成功の相関係数はほぼゼロになる。

たとえば私は同僚と共同で、数千人の生徒を対象に、当初の能力（この場合は学校の成績）、自信、そしてその後の学業成績を調査したことがある。九歳のときに自信が高かった子供は、十二歳の調査では、たしかに他の子供よりも少し成績がよかった。しかし、そこで九歳になる以前の成績も調べると、自信の高い子供は、すでに成績がよかったから自信が高かったということがわかる。

これは、考えてみれば当たり前だろう。自信のある子は、勉強ができるから自信があるのだ。勉強ができなくても自信がある子は、その後で成績がよくなることはない。実力が自信を生むのであって、その逆ではない[注1]。

次に、大学生を対象に同じ調査を行ったところ、やはり結果は同じだった。全世界に散らばる数千の大学を対象に調査した結果（「数千」は文字通りの数で、実際に五つの大陸すべての大学のデータを集めた）、自信が高い学生はだいたい成績もよく、そして過去の時点ですでに成績がよかった。ここでも、成績のよさが自信につながっているのであって、その逆ではない。

しかし、この法則にも一つだけ例外がある。それは「男性」だ。調査の結果を男女別にすると、男子は女子よりも全般的に自信が高く、そして成績は全般的に女子のほうが高い。さらには、男子学生のデータだけを集めて分析すると、むしろ自信の高い学生のほうが成績が悪いという結果になった。ここからわかるのは、男性の自信には確固とした根拠がなく、自信過剰な男性ほど能力は低くなるということだ。

男女別のデータを見てみると、ほぼ例外なく男子学生のほうが自信が高いことがわかる。しかし実際のところ、成績はつねに女子学生のほうが上だ。この調査結果から、いったい何がわかるのだろうか？ それは、男性はうぬぼれが強く、それがかえってあだになっているということだ。女性は謙虚であり、そして謙虚な性格は不利にならない。

しかも、わかるのはそれだけではない。女子学生は自分の学力をより現実的に評価していて、しかもそれが利点になっている。実際、世界中のほぼすべての国で女子学生の成績は向上していて、男子学生を追い抜く国も出てきた（アメリカもそんな国の一つだ）。それなのに、将来のキャリアの成功を予測するとなると、依然として男子学生のほうが自信が高い[注2]。

では、大学を出てからはどうなるのか？ いい質問だ。

心理学の調査は、たいてい大学生だけを対象にしている。たしかに彼らもいずれは大人になるが、大学生が全人口を代表するとはとうてい言いがたい。とはいえ、自信と、仕事での成功（つまり、大学を出てからの能力）の関係について言えば、高校生と大学生を対象にした私たちの調査の結果は、大人を対象とした調査の結果とほぼ同じだった。学生の場合と同じように、大人の自信と仕事の成功の相関係数も、〇・三という、なんとも控えめな数字だ。

つまり、自信があっても仕事の成功にはつながらないということだ。むしろ成功しているからこそ、自分の仕事に自信が持てるのだ。言い換えると、才能があるから能力が高く、能力が高いから自信もつく。たしかに、能力の高い人は自信がありそうに見えるし、自信がない人はたいてい自分の能力の低さを自覚しているので、自信と能力の間にあるギャップはいつもはっきり見えるわけではない。それでも、自信が高い人ほど自分を過大評価していて、能力の高い人ほど、能力があるからこそ自信も手に入れている。そしてその能力は、自信があるから手に入ったわけではない。

嘘2：成功は生まれつきの才能で決まる

成功者は生まれつき才能に恵まれていたとよく言われるが、これもまたよくある嘘の一つだ。パブロ・ピカソやマリー・キュリー、アルバート・アインシュタインのことを言うなら話は別だが、そもそも彼らは各分野の上位０・０１％に入る本物の天才だ。それ以外の普通の人間に関して言えば、才能、特に生まれつきの才能は過大評価されている。

ここで言う「生まれつきの才能」とは、文字通り、生まれたときから持っている特別なスキルや能力だ。生まれつきの才能の実例をあげるとなると、いわゆる「神童」と呼ばれる存在しかいない。たとえば、ヴォルフガング・アマデウス・モーツァルト（一七五六〜一七九一）は、わずか四歳のときに、三十分もかからずに長い曲をすべて暗譜できたという。六歳から作曲を始め、八歳で最初の交響曲を作った。

パブロ・ピカソ（一八八一～一九七三）は、赤ちゃんのときに姉の肖像画を描いたと言われている。絵の具は卵の黄身だった。そして十四歳になると、名門芸術学校に入学を許可される。最初の傑作とされる「ピカドール」を描いたのはわずか八歳のときだった。そして、ルーマニアの体操選手、ナディア・エレーナ・コマネチ（一九六一～）は、女子体操選手としては初めてオリンピックで一〇点満点を出した。一九七六年のモントリオール大会で、年齢は十四歳だった。コマネチは三つの金メダルを獲得している。

たしかにここにあげた三人は、みな生まれつきの才能に恵まれている。だからこそ、あんなに若くして成功することができたのだ。とはいえ、彼らは例外中の例外であり、全人口の99％にとっては、生まれつきの才能はほとんど関係ないのである。

一般人にとっては、生まれつきの才能と言っても、せいぜい人より少しうまくできるといった程度だろう。ある種のスキルを人より簡単に習得できたり、ある種の活動により多くの時間、労力、エネルギーを注げたりといったことだ。人間が二人いれば、たしかにそれぞれにより得意な分野があるだろう。

しかし、たとえ潜在能力があっても、それだけでは意味がない。そもそも、磨いていない才能は存在しないのと同じだ。たとえば、ピアノの才能があると言われる人は、ピアノを弾く練習をしたからこそ上達できたのだ。歌の才能があると言われる人も同じで、歌の練習をして人前で歌ったからこそ、才能の存在が明らかになった。また、ある人物にリーダーとしての才能があるかどうか判断するときも(分野は政治でも、ビジネスでも、スポーツでもかまわない)、そもそもその人は、すでにリーダー候補になるような地位に就いている。

偉大なリーダーの伝記を読むと、五歳ごろからすでにリーダーシップを発揮していたというようなことがよく書かれているが、そういう話はまったくのフィクションだ。だいたい、五歳児や八歳児に大統領の仕事が任せられるだろうか? 十二歳の子供に会社の経営者が務まるだろうか? いくらマーク・ザッカーバーグでもそこまでは若くない。それに、ザッカーバーグに経営の才能があるかどうかもわからない。だからこそ、もっと経験のある人物を雇って経営を任せているのだろう[注3]。このように、たしかに子供のころから才能の片鱗が見えることはあるが、才能や卓越したスキルは経験とともに培われるものであり、勤勉と努力のたまものなのだ。

それに加えて、人より才能に恵まれていながら、成功できなかった人の存在も忘れてはな

[注3] マーク・ザッカーバーグをけなすつもりはまったくなく、ただ事実を述べているだけだ。ザッカーバーグ本人も企業リーダーとしての自分の限界を自覚していて、だからこそシェリル・サンドバーグという経営のプロ(元グーグル副社長)を雇ったのだろう。とはいえ、フェイスブック(現メタ)という企業の価値は、実力よりも自信で評価されているようだ。

簡単なエクササイズをやってみよう。それなら、次のらない。あなたはそんな人を何人知っているだろうか？　思いつかない？　それなら、次の簡単なエクササイズをやってみよう。

フェイスブックの友達リストを表示し、その中で才能があると思う人を数える。次に、友達リストの中から成功している人を数える。おそらく、才能がある人よりも成功している人のほうが少なかっただろう。それに、どちらにも入る人はほとんどいなかったのではないだろうか。たいていは、才能があっても成功していないか、または才能がなくても成功しているかのどちらかだ。それに、才能があって成功している人も、生まれつきの才能はどれほど成功に関係あるだろうか？　そう、そういうことだ。

子供のころ（人生の最初の五年から十年）の才能が、その後の人生に与える影響については、数多くの心理学の研究が存在する。学校、大学の成績や、仕事の能力は、どこまで子供のころの才能と関係あるのだろうか？　結果はみな共通していた。生まれつきの才能で、後の人生に影響を与えるのは、「学ぶ能力」だけだった。つまり、物覚えのいい子供は、大人になってから成功する確率が高い。

大事なことなのでもう一度言おう。生まれつきのスキル、または「才能」という呼び方のほうがお好みならそう呼んでもいいが、とにかくそういうものの中で、大人になってからの仕事にも影響を与えるのは、何かを学ぶ能力だけだ。それに、その生まれつきの学ぶ能力でさえ、そこまで影響力が大きくないことは、数多くの科学的な調査によって証明されている。

この問題について調査するなら、ある時点での才能と、その後の別の時点での成功を比べるだけでなく、広範囲にわたる性格の特徴や、二つの時点の間に起こった出来事なども含め、長期間にわたって追跡するのがベストな方法だ。五歳や十歳の時点でのIQテストの結果、その数年後の学校での成績、さらに時間がたって大学での成績、そして社会に出てからの働きぶりまで、長いスパンで調査する。

そこまでやって、どんなことがわかるのだろうか。それは、物覚えがいい子供は、仕事でも成功するということだ。しかし、仕事で成功できたのは、学校の勉強ができたからであり、そしてキャリアの初期に早く仕事を覚えられたからだ[注4]。

これは、ドミノ式、または雪だるま式の連鎖反応だ。学ぶ能力が高いと、学校の勉強ができ、大学の成績もよく、仕事に就いたばかりの訓練でも覚えが早く、その結果として仕事ができる人になれる。こう考えれば、物覚えのいい子供が、学校でも、大学でも、社会人になってからも優位に立てるのは理にかなったことだろう。そして、生まれつきの才能がものを言うのもここまでだ。

嘘3：傲慢な人ほど成功している

性格の悪くないCEOと言われて、誰か思いつくだろうか？　または、やり手の経営者で、思いやりのある人は？　控えめな印象を与える成功者に会ったことはあるだろうか？　セレブがインタビューの中でいい人そうな発言をするとき、あなたは本気で信じるだろうか？

もちろん答えは「ノー」で、そう思っているのはあなただけではない。

とはいえ、別に傲慢な人間にならなくても成功することは可能だ――それどころか、むしろいい人のほうが成功する確率は高くなる。ありがたいことに、世の中にドナルド・トランプはそんなにたくさんいないということだ。

現実世界のデータを集めると、答えは明白だ。

●企業のマネージャーとして成功するには、信頼性、親切さ、共感力がもっとも大切な資質だ。なぜそう断言できるのか。それは、過去五十年の間に、リーダーの資質を調べる科学的な調査が五〇〇以上も行われたからだ。調査の対象は、あらゆる国の、あらゆる業界のリーダーだ。その結果、傲慢なリーダーは、上司に嫌われ、同僚にも嫌われ、そして部下にも嫌われることがわかった。軍隊のような上下関係がはっきりした組織でもそれは同じだ[注5]。

●ここ十年ほどで、女性のほうが男性よりいいリーダーになることがはっきりしてきた。なぜそうなのか？　それは、一般的に女性のほうが信頼でき、優しく、そして共感力があるからだ。たしかに、企業の女性リーダーはまだ少ないが、それは最近まで管理職を目指すことすら許されていなかったからだ（今日でも同じ状態の国はまだたくさんある）。それに加えて、女性をリーダーにする権限を持つ存在（つまり男性）は、男性のほうがいいリーダーになるという偏見に縛られていることが多い。それは彼らが、傲慢さはリーダーにとって致命的だということを知らないからでもある[注6]。

●たしかに、傲慢なリーダーは現実に存在するが（男性だけとは限らない）、傲慢さはリーダーになるのに必要な資質ではないし、あるのが望ましい資質でもない。そして晴れてリーダーになってからは、傲慢さは間違いなく害になる――それも、リーダーになればの話だが。コンサルティングと世論調査のグローバル企業、ギャラップ社の調査によると、全世界の会社員の60％から70％が、自分の仕事に不満があるか、または本当に仕事が嫌いだという。仕事が好きになれない最大の原因は、無能な上司の存在だ。このデータは三十年以上にわたる調査がもとになっていて、対象となった会社員は一七〇〇万人にのぼる[注7]。このように、上司が傲慢だと、部下たちは自分の仕事が嫌いになって辞めていく。昔から言われているように、「人は会社に就職し、ボスから去っていく」ということだ。それにたとえ辞めなくても、実力を十分に発揮せず、非生産的な行動に走りがちだ（さぼる、盗む、無駄話をする、何時間もフェイスブックを見ている、など)。

つまり、傲慢な上司は、今よりずっと少なくてしかるべきなのだ。経済成長のため、政治の発展のため、そして私たちが正気を保つためにも、傲慢な人間が他人を踏みつけにして出世するのを阻止しなければならない。

傲慢な人間が成功する理由は、大きく分けて二つある。一つは、彼らが成功することを最優先課題にしていること。そのためには、他人に嫌われてもまったくかまわないと思っている。冷酷で、他人を思い通りに操り、利用し、踏みつけにする。そしてもう一つの理由は、自信の高さ(つまり傲慢さ)が能力の高さとよく勘違いされることだ。

ここでもう少し明るい話をしよう。私は今までに、何百人もの成功者から話を聞き、彼らについての調査を行い、そして彼らのコーチングも行ってきた。彼らは国籍も職業も多岐にわたっている。その経験から言えるのは、たしかに傲慢な人もたくさんいたが、傲慢な人は本当の意味で成功していないということだ。そして、本当に成功している人の大半は、傲慢さのかけらもない。

傲慢さという性質は、目につきやすく、印象にも残りやすい。そのいい例が、ドナルド・トランプだ。彼があそこまで目立つのは、きわめて例外的な存在だからにすぎない(現実世界ではめったに起こらないことだ)。もしあの鼻につく傲慢さがなかったら、誰もトランプのことなんて覚えていないかもしれない。

しかしありがたいことに、傲慢な人はたいてい成功しない。成功するのは、親切で、寛大で、謙虚な人たちだ。だから、傲慢な成功者に出会ったら、この人物は本当に有能なのか、それとも尊大な態度で無能さを隠しているだけなのか考えてみよう。ときに、傲慢な態度は、無能さを隠す最大の隠れ蓑になる。それに自信のなさを隠すことだってできるだろう――そうでなければ、自分を大きく見せるために、他人を貶める必要などないはずだ。

チャンスをつかむ人がしている三つのこと

キャリアの成功に、自信も、生まれつきの才能も、傲慢さも関係ないとしたら、いったい何が関係あるのだろうか？　その答えは、今まで見てきた三つの嘘の正反対だ。傲慢さよりも謙虚な態度と優しさ、生まれつきの才能よりも努力と勤勉、そして自信は実力があって初めて役に立つ。

ここで、先進国におけるキャリアの成功のあり方について考えてみよう。成功するには、会社に雇われているだけでは不十分だ。会社が雇いたくなる能力を持っていることが必要になる。一生安泰な仕事は存在しないが、会社に採用され、その仕事を維持できるような能力を持っていれば、仕事人生で大きなアドバンテージになる[注8]。

たとえば現時点で手に入るデータによると、アメリカでは労働力全体のわずか65％しか実際に職に就いていていない[注9]。そして、失業者の少なくとも40％は、失業期間が二年以上になる[注10]。もちろん、失業率が高くなるのは景気が悪いというのがいちばんの理由であり、特に二〇〇八年の金融危機は依然として厳しい雇用状況の原因になっているが、現代の雇用が安定しない理由は、それ以外にも大きく分けて二つある。

一つは、市場が求めるスキルと、労働者が提供できるスキルの間にギャップが存在すること。その結果、ある種の業界では人手不足になっている。これは「人材獲得合戦」が起こる最大の理由であり、どの企業も優秀な人材を採用しようと必死になっている。その一方で、人手が余っている業界も存在する。そもそも、失業期間が長い人は、もう市場から必要とされないスキルしか持っていないということだ。

そしてもう一つの理由は、一九八〇年代以降、終身雇用が姿を消したことだ。たとえば一九八三年のアメリカでは、五十五歳から六十四歳の平均的な男性労働者は、同じ会社に十五年以上勤めていた。しかし現在、その数字は十年以下にまで下がっている。アメリカの労働者全体で見ると、同じ職にとどまる期間は平均して四年以下にすぎない。一生同じ会社に勤めるという夢はすでに終わり、代わりに職を転々とする時代が始まっているということだ。

そこに登場したのが、「雇用可能性」という心理的契約（組織と個人がお互いに求め合っているもの）だ。雇用可能性とは、「主に仕事における適応力であり、就業のチャンスを見つけ、そしてつかみ取る能力を拡大する。（中略）雇用可能性は、職を維持するうえで欠かせない能力だ」[注11]。

メッセージは明白だ。もしキャリアで成功したかったら、雇用可能性を高めなければならない。しかし、どうやって？

スキルの種類も雇用の種類も無数にあるが、雇用可能性を高めるために必要なことはそんなに多くない。実際、いちばん大事な要素はいつも同じだ――それは、能力がありそうに見せることだ。

雇用主が雇いたいと思うのは、自分のビジネスにプラスの貢献をしてくれそうな人や、自分が儲けるのを助けてくれそうな人だろう。つまり雇用可能性があるとは、上司や雇用主にとって、魅力的なビジネスパートナーに見える人、魅力的な部下に見える人ということだ。それでは、なぜ雇用可能性が高い人と低い人がいるのだろうか。その答えは、デキる人がしている三つのことに集約される。

(1)実力を見せる

仕事のできる人は、例外なく能力がありそうに見える。もちろん、同じ人でも、分野によっては能力がありそうだったりなさそうだったりするだろう。しかしここで大切なのは、雇用主やクライアントの目から見て、仕事に必要な能力をどれだけ持っていそうかということだ。つまり、専門分野のスキルやノウハウ、問題解決能力が問われているのであって、履歴書でチェックされるのもそういった点だ。

一流大学を出ている人や、履歴書に書けるスキルや資格（たとえば、語学、パソコン、運転免許など）がたくさんある人は、その分野での能力があると判断される。もちろん、その判断が正しいとは限らない。なぜなら、本当の能力は実際に雇ってみるまでわからないからだ。雇用主にできるのは、情報を集め、データに基づいて判断することだけだ——そこで参考になるのが、履歴書、面接、テストなどになる。

だから、まずは履歴書作りに念を入れよう。時間をかけて書き、他の人にも見せて、履歴書から受けるあなたの印象を教えてもらう。究極的に、これは先手を打って、自分から能力のあるところを見せるということだ。面接の練習をする。必要な情報を集める。さまざまなソフトウェアが使えるようになる。そう、専門家になろう！

能力があるところを見せられるようになるまで努力したとしても、実際に能力があるところを見せなければ意味がない。この「能力を見せる」こと、すなわちパフォーマンスは、何かを達成することの10％を占めている。そして残りの90％が準備だ。できる限りの準備をすべてしたのなら、後は本番で力を発揮するだけだ。

とはいえ、準備さえきちんとできていれば、本番で多少は力が発揮できなくてもなんとかなることもある。たとえば、元々IQの高い人は、テストのときに何か気が散ることがあっても高得点を出すことができる［注12］。だから就職の面接でも、何週間もかけて雇用主のことを事細かに調べ上げていれば、面接の当日にいきなり恐怖とパニックに襲われたとしても、こちらが相手のビジネスについてよく知っていることはきちんと伝わるものだ。

たとえ面接で力を発揮できなかったとしても、きちんと準備してきたことが伝わればそれほど問題にならない。ここで大切なのは、ある事柄について本当に知識があれば、緊張していくつかど忘れすることがあっても、知識があるという事実は周りに伝わるということだ。

結果が出せるかどうかはパフォーマンスにかかっているが、パフォーマンスの成否を決めるのは準備だ。そして前にも見たように、自信がありすぎると準備を怠ることになる。何かの能力があるなら、人は必ず気づく。しかし能力がなくても、ときには「あるふり」が通用することもあるのだ（特に他人の能力を正確に見る目を持たない人はだましやすい）。

パフォーマンスの段階では、自信のあるふりをするのは有効だ。自信がありそうな人は、能力がありそうにも見えるからだ。自信のあるふりをしないのは、履歴書の内容を盛らないのと同じだと言える——なぜなら、自信のあるふりも、履歴書を盛るのも、誰もがやっていることだからだ。

誰から見ても本物と認められている人だけが、自信のあるふりをしなくても許される。それに加えて、本物の実力者は、むしろ自信のないふりをすることで実力を見せつけることができる。たとえば、現代を代表するノンフィクション作家のマルコム・グラッドウェルは、ツイッターの自己紹介にこう書いていた――「雑誌『ニューヨーカー』の雇われライター。本も何冊か出してます」。そして現在の自己紹介はさらに謙遜度が増して、「知りたがりのジャーナリスト」だ。

もっと実例が欲しいのなら、アカデミー賞の授賞式を見てみればいい。受賞者のスピーチには、謙虚な言葉ばかりが並んでいるだろう。彼らにそれができるのは、もちろん受賞したからだ。「勝ってもおごらず」を実践するには、まず勝たなければならない。とはいえ、最近の成功者たちは謙虚なふりをするのが当たり前になっているので、実力がない人も謙虚なふりをしたほうがかえって実力がありそうに見えるという、ややこしい状況になっている。そこで、私からのアドバイスだ。

実力があるなら、謙虚なふりをしろ。
実力がないなら、実力があるふりをしろ。
そして実力があるふりができないなら、
自信があるふりをしろ。

イギリスでは、謙虚なふりをするのは一般的な戦略だ。自信や実力がないふりをすることで、むしろ実力を誇示するのである。典型的な受け答えの例をあげよう。たとえば「Xはどれくらいできますか」と尋ねられたら、「まあまあですかね」とか「それなりですね」などと答える。これは最高の戦略だ。なぜなら、こう言われた相手は、あなたの主張からいくらか割り引くのではなく、むしろ20％から30％割り増しして考えてくれる。

そして、これがいちばんいいところだ——元から自信のない人は、謙虚なふりをする必要もない。なぜなら、普通にしていれば謙虚だと思ってもらえるからだ。

自分の周りは無能なのにデキるふりをしている人ばかりだというのなら、謙虚な人を見ると新鮮な驚きを覚えるだろう。そして、こんなにできた人なのだから、きっと実力もあるに違いないと確信するようになる。私自身も、何も知らないからただ黙っている人を見て、この人は謙虚なだけできっとかなりの実力者に違いないと思い込んだことが何度もあるし、また自分でもその戦略を使ったことがある。

悲しいことに、謙虚な人は正当に評価されず、やる気がない、怠けている、能力がないなどと勘違いされてしまうこともあるかもしれない。しかしそれは、ただ単にナルシシストの数が多すぎるからだ。自己宣伝に余念がない人がもてはやされる風潮は、まことに嘆かわしい限りだ。自分のことばかり話し、何でも知っているふりをする人は、魅力的でデキる人だと勘違いされることがよくある。それはひとえに、自信と実力をきちんと区別できる人が少ないからだ。

有名なリーダーシップ・コンサルタントのロブ・カイザーは、かつて私にこんなことを言っていた――「私にとっていちばんの脅威は、ライバルのクライアントに見る目がないことだ」。この言葉は、どんな分野のキャリアにも当てはまるだろう。

つまり、こういうことだ。真の実力者は、行動で実力を示し、そして謙虚だ。彼らのようになりたいなら、まず十分な準備をするのが出発点になる。そうすれば自分の能力が上がるだけでなく、本番で失敗してもカバーできる。それに加えて、それぞれの分野でトップに立つ人たちは、自分の能力に関してとても謙虚だ。

たしかに、こういった「本物の謙遜」は勝者だけに許される態度だが、謙虚なふりをするだけなら誰にでもできる。そして謙虚にふるまえば、周りからは「実は能力がある」と思ってもらえるのだ。しかし、これが重要なのだが、社会全体としては、誰もが自信と実力をきちんと見分けられるようになったほうがいい。そうなれば、口だけ達者で中身がない人や、自信過剰な人がもてはやされることもなくなるだろう。

(2)勤勉に働く

雇いたいと思わせる人の特徴の二つ目は、勤勉そうに見えることだ。なぜそう見えるかというと、たいていは本当に勤勉だからだ。人はよく、実力が足りない部分を勤勉さで補おうとする。そして真の実力者は、とにかく勤勉に働く。私たちの調査によると、元から頭のいい人は努力を怠りがちだが、自分はそれほど賢くないと自覚のある人は、目標達成のために人よりも努力する[注13]。

クローディア・ミューラーとキャロル・ドゥエックが行った一連の研究によると、子供が自分の知性をどう評価するかは、大人になってからのキャリアの成功に大きな影響力を持つ。一般的に、子供は「頭がいいね」と褒められるとやる気が出ると思われているが、ミューラーとドゥエックによると、むしろ逆効果になるという。子供が褒められてやる気を出すのは、「努力」を褒められたときだ。

頭のよさを褒められた子供は、努力を嫌い、すぐに結果を求めるが、努力を褒められた子供は努力を惜しまない。また、頭のよさを褒められた子供は、与えられたタスクを楽しまず、失敗するとそこであきらめてしまう。その結果、努力を褒められた子供よりも、タスクの達成度は低い。また、努力や勤勉さを褒められた子供は、自分のタスク達成度は向上できると信じている[注14]。

マルコム・グラッドウェルは、ベストセラー『天才！　成功する人々の法則』（講談社）[注15]の中で、スウェーデンの心理学者アンダース・エリクソンの調査[注16]を引用し、どんな分野でも一万時間訓練すれば一流になれると言っている。もちろん、この「一万時間ルール」だけで成功が決まるわけではなく、才能とチャンスも必要だが、各分野で一流と評されている人で、訓練が一万時間に満たない人はほとんどいない。

ここであなたの代わりに計算してあげよう。一日に八時間、毎日休まず訓練したら、一万時間に達するのはおよそ三年半後だ。ちなみにこれは、博士課程を修了するのに必要な最低限の時間でもある。この一万時間ルールのメッセージは明白だろう。あなたも一流になれる可能性はあるかもしれないが、努力しなければ始まらないということだ。

そこで、考えてみよう。目標を達成するために努力を二倍にするのは、自分のパフォーマンスに満足している人と、満足していない人のどちらだろうか？　そう、その通り。ここでもまた、自信と実力は反比例するということが証明された。

才能はあるが怠け者かもしれない人と、才能はそれほどでもないが勤勉そうな人——企業の採用担当者は、どちらを選ぶか悩むことがある。しかし、能力が同じくらいに見える場合は、いつも決まって勤勉そうな人のほうを選ぶ。85%の確率で、勤勉そうな人のほうがやる気のなさそうな人よりも業績を上げるからだ。

そして現に、いちばん才能のある人が社内のエースになることはめったにない。エースの特徴は才能ではなく、対応が迅速で、仕事を完成させ、求められている通りの結果を出すことだ(求められている以上の結果を出すこともある)。ビジネス・ライターでコンサルタントのブルース・タルガンが、才能について考察した小論の中で言っていたように、真の実力者がチームに一人いれば、凡庸な人間をたくさん集める必要はないということだ[注17]。

つまり、もしキャリアで成功したかったら、何よりもまず努力しなければならないということだ。どんなに才能があっても関係ない。自信があるかどうかも関係ない。こんなことは今さら言うまでもないのだが、ただ会社に行っていればキャリアで成功できると信じている人があまりにもたくさんいる現状を考えると、やはりこうやって努力と勤勉の大切さを長々と説明せざるを得なくなる。

『人材の管理ミス：知識経済における雇用可能性と雇用(The Mismanagement of Talent: Employability and Jobs in the Knowledge Economy)』の著者であるフィリップ・ブラウンとアンソニー・ヘスケスも言っているように、履歴書の内容が申し分ないからといって、やる気があって真面目に働くとは限らない。最近の企業は、積極的に行動できるという性質をとても重視する傾向がある。今までは能力が第一だったが、それがやる気に変わりつつあるようだ。ブラウンとヘスケスによると、リーダーや成績トップの従業員と、その他大勢を分けるのは、飽くなき向上心から生まれる「特別な何か」だという[注18]。目標を達成してしまうとやる気や向上心は消え、そして達成したことで自信が生まれる。だから自信はなるべく低く保ち、やる気と向上心を持ち続けたほうがいいだろう。

(3)人から好かれる

デキる人に共通する特徴の三つ目は、人から好かれることだ。もちろん、どうせ雇うなら、感じの悪い人や、退屈な人、めんどくさそうな人よりも、感じのいい人のほうがいいだろう[注19]。そこで、ここでもまた、考えてみれば当たり前だが、あまり実践されていないアドバイスをしたいと思う——キャリアで成功したいのなら、人に親切にしなければならない。または少なくとも、イヤなやつになってはいけない。

誰かに雇われて働いているなら、あなたの出世と成功を決めるのは上司だ。正しい世界であれば、上司はあなたの仕事ぶりや会社への貢献度を評価の基準にするだろう。しかし現実の世界では、完全に客観的な評価ができる上司はほとんどいない。その部下が好きかどうかということが、当たり前のように評価に影響する[注20]。だから、キャリアで成功したいなら、上司に好かれることが大切だ。上司には愛想よくして、反抗的な態度は取らないこと。上司の頭痛の種になってはいけない。むしろ一緒にいて楽しい部下になろう。そうすれば、思ったよりも早く出世させてもらえるだろう。

自分で認める上司はほとんどいないが（認めたら訴えられるか、解雇されてしまう）、仕事はできるが退屈な部下と、仕事は平均的だが一緒にいて楽しい部下だったら、昇進させるのは後者であり、解雇しないで会社に残すのも後者だ。今度ボスが同僚の誰かをひいきするのを目撃したら、上司もあなたと同じ普通の人間であり、好き嫌いも当然あるということを思い出そう。唯一の違いは、上司にはあなたのキャリアの成功を決める権限があるということだ。

そしてもう一つ大切なのは、上司が特定の部下を好きになっても、組織にとって必ずしも害にはならないということだ。むしろいい影響を与えることのほうが多い。上司に好かれるような人は、同僚にもいい印象を与える。彼らは職場の雰囲気をよくし、チームの結束を強め、士気を高める。その結果、会社の業績も上がるのである。

しかし、上司に好かれるという戦略にも問題はある。それは、いつでも簡単に実践できるわけではないということだ。キャリアの成功にとって大きな利益になるとわかっていても、上司にいい顔をしたくないときはある。

その理由は大きく分けて二つある。一つは、ギャラップ社の会社員エンゲージメント調査からもわかるように[注21]、ほとんどの人が上司に不当な扱いを受けているということ。横柄で、耐えられないほど性格が悪い上司というのも、少なからず存在する。このような状況で、上司にいい顔ができる人はなかなかいないだろう。完全に心を殺し、金のためなら何でもやる傭兵のような態度で臨まなければならない。

そしてもう一つの理由は、人は誰でも「ダークサイド」を持っているということだ。悪いのは上司だけではない。人間関係で問題を起こしたりする傾向は、どんな人にもあるものだ。

この傾向は、プレッシャーがかかると特に表に出やすくなる。それでは、職場でもっとも大きなストレス源といえば何だろうか？　それは、最低な上司だ。だから、自分の本心を隠し、最低上司にも愛想よく接するには、超人的な自制心が必要になる。フランスの倫理学者、ジョゼフ・ジュベールも言っているように、親切とは、相手がもらう資格がある以上の愛を与えることだ。

キャリアで真の成功者になりたいのなら、人に親切にしなければならない。親切で思いやりがある人だと思われるように努力しよう。そして「ダークサイド」は隠すこと――同僚に見せないのはもちろん、特にボスに見せてはいけない。傲慢な態度がいい結果につながることは絶対にない。しかし、親切にしていれば、ほぼ必ず見返りがある（時間はかかるかもしれないが）。この点に関しては、アカデミズムの世界ではめったにないことだが、すべての専門家の意見が一致している。

『ビジョナリー・カンパニー』（日経BP社）の著者であるジム・コリンズは、『ハーバード・ビジネス・レビュー』誌に寄稿した記事の中で、最高の企業リーダーは、つねに厳しいプロ意識と謙虚な態度を併せ持っていると書いていた[注22]。コリンズの言葉はにわかには信じられないかもしれないが、実際はこれが信じられないと感じるほうがおかしいと自覚するべきだろう。コリンズによると、リーダーに欠かせない資質は、謙虚さ、意志の強さ、そして公正さだ。公正さとは、たとえば他人の功績を認めることや、自分の失敗の責任を取ることだ。どれも傲慢さとは正反対の資質ばかりだ。

さらに説得力があるのが、ジョイス・ホーガン博士とロバート・ホーガン博士の研究だ。二人合わせて五十年の歳月をかけて、成功したリーダーと失敗したリーダーについて調べている。調査の対象は、一〇〇万人以上の会社員であり、そのほとんどがマネージャー職だ。

調査の結果は一貫していた。人とうまくやれる能力は、マネージャー職に昇進するのに必要な条件であり、組織を成功に導くようなリーダーは必ずこの資質を備えている。他人の気持ちに敏感な人は、雇われるし、昇進もできる。逆に他人の気持ちがわからない人は、解雇されるか、組織を滅ぼす[注23]。

そして最後は、ノートルダム大学のティモシー・ジャッジ教授の研究だ。数千人のマネージャーを対象にした数百例の調査を分析したところ、リーダーはたいてい社会性が高く、人当たりがよくて社交的だという結果になった。成功したリーダーは、成功していないリーダーに比べ、特にこの傾向が顕著に見られた[注24、注25]。

[注25] もちろん、いい人でいるといつでも見返りがあるわけではない。最近のデータによると、親切で思いやりのある男性は、攻撃的で自己主張の強い男性に比べて収入が少なくなっている（T. A. Judge, B. A. Livingstone, and C. Hurst, "Do Nice Guys-and Gals-Really Finish Last? The Joint Effects of Sex and Agreeableness on Income," *Journal of Personality and Social Psychology* 102, no.2 [2012]:390-407）を参照）。とはいえ、一緒にいて楽しくない人になるのは、キャリアの成功にとってマイナスだ。

仕事で自信を高める方法（本当は自信は必要ないけれど）

実際のところ、キャリアで成功するために自信を高めるのは無駄な努力だ。現に私が知っている中でトップクラスの自信家たちは、仕事でまったく成功していない。裕福な家庭に育ち、いい教育も受けているのに、出世どころか就職さえままならない状態だ。彼らの中には、あまりにも自信満々で、最高の仕事しか自分にはふさわしくないと信じている人もいる（たとえば、ＭＴＶのクリエイティブ・ディレクター、アップルのチーフ・デザイナー、さらにはコールドプレイのボーカルなどと言い出す人もいる）。

しかし彼らは、必要な才能もなければ、必要な努力もしない。彼らにとっては不幸なことだが、それでも自信だけは健在で、あきらめずに理想の仕事を目指すべきだと本気で信じている。そのため、普通の仕事で使えるスキルを身につけようとせず、結果として就職さえできずにもう何年も失業状態だ。きっとあなたの知り合いの中にも、こういう人がいるのではないだろうか。

この自己愛過剰の社会は、理想だけは高く、そのくせ必要な努力はしない人、または必要な才能を備えていない人であふれている。こういった人たちは、部下にするとことさらやっかいだ。どんどん傲慢になり、勘違いが大きくなり、そして社会に対して恨みを募らせていく。

ビジネス心理学者のベン・ダットナーが書いた『非難のゲーム（The Blame Game）』というすばらしい本によると、Y世代（一九八〇年代と九〇年代に生まれた世代）に属する人たちは、自分の潜在能力を過大評価する傾向が特に強いという。その結果、職業選択で高望みするだけでなく、その職業に就けて当然だと考える。『非難のゲーム』から一部引用しよう。

ベビーブーム世代やX世代（一九六一〜八一年生まれ）に属する人たちの多くが、若い社員の態度に驚いているようだ。最近の若者は、ただ毎日きちんと会社に来るだけで褒めてもらえると本気で信じているという。私の同僚も、修士課程のオリエンテーションに出席していた学生の話を何度もくり返している。その学生は、「卒業したらどんな仕事がもらえますか」と質問したそうだ［注26］。

つまり、自分は仕事ができるという自信があるほど、キャリアの発展は妨げられるということだ。自分で自分を高く評価する人――つまり、自分の勘違いを本気で信じてしまう人は、特にこの危険が大きくなる。キャリアの場合でも、外側の自信と内側の自信は、それぞれ違う意味を持っている。

他の分野と同じように、自分にとって本当にためになる自信は、外側の自信だけだ。なぜなら外側の自信なら、周りに「能力がありそう」という印象を与えることができるからだ。しかし内側の自信のほうは、低ければ低いほどいい。そのほうが、もっと努力しなければならないことに気づけるからだ。

ここで大切なのは、自分の内なる声を聞けるのはあなただけであり、声を気にかけているのもあなただけということだ。他の人は、あなたのキャリアの自信なんてたいして興味を持っていない。彼らが知りたいのは、あなたに能力があるかどうかということだけだ。自信と実力を見分ける能力のない人は、外側の自信を頼りにあなたの実力を判断することになるが、それでも実力にしか興味がないのは同じだ。

能力レベルの高さを他人に見せることができれば、キャリアで成功できる確率も高くなる。そして能力レベルの高さを自分に見せることができれば、キャリアの自信が大きくなる。論理的に考えて、前者が後者の前提条件になるだろう。本当の意味でキャリアが発展すれば、それはそのまま自信につながる。

もちろん、自信がないのは、もしかしたら自分に厳しすぎることや、悲観的な性格が原因で、本当は自信を持ってもいい状態なのかもしれない。しかし、非現実的な自信のなさ（完璧主義者の自己批判）に対処する方法も、現実的な自信のなさに対処する方法とまったく同じだ。つまり、実力を高めるしかない。勘違いではなく、本当の意味で自信をつけるには、実際に成功するしかないということだ。そして実際に成功するには、実力をつけなければならない――それ以外の方法は、すべて無意味だ。

つまり結論は、キャリアの成功に自信は必要ないということだ。むしろ自信はないほうが、「雇われる人材」に必要な三つの要素を身につけることができるだろう。自信がない人は、もっと実力をつけるために専門技術を磨き、自分の実力不足を補うために勤勉に働き、そして傲慢でイヤな人間にならないように気をつけるからだ。

第4章のまとめ

○「出世の鉄則」を信じてはいけない。自信も、生まれつきの才能も、傲慢さも、キャリアの成功に関係ない。

○成功しているマネージャーに共通するもっとも大切な資質は、信頼性、優しさ、そして共感力だ。

○過去や現在の同僚に尋ね、自分が他人にどう思われているか正確に把握する。

○今まででいちばん好きだった上司やマネージャーを思い浮かべる。その人はあなたに対してどんな話し方をしたか？　部下をどう扱っていたか？　あなたはその人の態度をまねることができるだろうか？

○自分の雇用可能性を高める。履歴書の中身を充実させる。他の人にも読んでもらい、フィードバックを求める。面接の練習をし、プレゼンテーションを行う。真のプロになるために自分から積極的に行動する！

○勤勉に働く姿勢を身につける。
——準備がすべてだ。準備ができているほど、失敗する可能性は低くなる。

——新しい同僚やボスに対して、自分のやる気やハングリー精神を見せる方法を考える。たとえば、最初の数カ月は他の誰よりも遅くまで仕事をする、言われた以上の仕事をする、といったことだ。または、つねに時間を守るといった小さなことでも効果はある。

○好かれる人になる。
——いつも人に親切にする。たとえ親切にされる資格のない人が相手でも、思いやりを持つことが必要だ。

——自分の「ダークサイド」に注意し、抑制できるようになる。

——一緒に働く人の手柄を認め、ときには泥をかぶることも必要だ。

○内側の自信は低いほうがいい。自信のなさは、向上するためにさらに努力するモチベーションになるということを忘れないように。

第5章

社交スキルの自信と実力

人付き合いの能力は、砂糖やコーヒーと同じで、お金で買える日用品だ。私だったら、他のどんなものよりもその能力に高いお金を出すだろう。

——ジョン・D・ロックフェラー（アメリカの実業家　一八三九〜一九三七）

人間関係の達人になる

ジョン・D・ロックフェラーの時代から、世の中はそれほど変わっていないようだ。テクノロジーの進歩はめざましく、直接顔を合わせてのコミュニケーションがデジタルのコミュニケーションに取って代わられたとはいえ、社交スキルがこの地球上でもっとも重要な生活必需品であることに変わりはない。それはきっと、すべての社会の基盤には人間関係があり、そして社交スキルで人間関係のすべてが決まるからだろう。

人間関係はここまで重要なのに、たいていの人は、社交スキルのレベルを見極める能力がきわめて低い。自分に対してもそうだし、他人に対しても同じだ。にわかには信じられないかもしれないが、社交性に自信がありそうな人は、「うぬぼれが強い」「偉そうだ」と思われ、人間関係で失敗することが多い。

この章では、社交の場面でも自信は低いほうがいいということを見ていく。自信がなければ、社交の場面での恥や屈辱を未然に防ぐことができ、そして社交スキルを高めようというモチベーションにもなる。それに加えて、魅力的で、影響力を持つ人物になる方法についても見ていこう。もうおわかりだろうが、自分中心ではなく他人中心に考えることが、成功へのカギになる。

人はたいてい自分の能力を過大評価しているが、社交スキルはその中でも特に勘違いされることが多い。いくつかの独立した科学調査によると、自分が考える社交スキルのレベル（つまり自信）と、実際の社交スキルの間の相関係数は、わずか〇・一七だ[注1]。この数字が意味するのは、自己評価の当たる確率は、当てずっぽうよりわずかに高いだけということになる。言い換えると、きちんと考えて点数をつけても、何も考えずランダムに点数をつけても、結果はそれほど変わらないということだ。

他人の社交スキルを評価するときも、同じくらい何もわかっていない。たとえば、人は他人の嘘を見抜けないということは、各種の調査によってはっきりしている。さらには、嘘を見分ける能力に自信があるほど、間違える確率も高くなるのだ。現に、実際に嘘を見分ける能力と、嘘を見分ける自信の間の相関係数はほぼゼロ（正確には〇・〇四）だ。これでは当てずっぽうとほぼ変わらない。驚いたことに、嘘を見抜くのを仕事にしているような人でも結果は同じだ。たとえば警察官も、私たち一般人と同じくらいだまされやすい[注2]。

意外に思うかもしれないが、自分の社交スキルに過剰な自信を持っている人は、むしろ人付き合いで問題を起こすことが多い。自信家本人にとっては、まさに寝耳に水の事実だろう。人間関係で自信が役に立つ明確な証拠は一つもなく、社交の場面で自己主張が強いからといって、人付き合いのスキルが向上するわけでもない[注3]。

実際のところ、自信の利点は、社交スキルの自己評価が高くなることだけだ。あなたの周りにも、社交の場面でいつも堂々として自信に満ちあふれている人がいるだろう。今度、その人が自分の社交スキルをどう評価しているか分析してみよう。人前で話すとき、デートのとき、クライアントの前でプレゼンをするときなど、自分がどれくらいうまくやれたと思うか尋ねるのだ。彼らはきっと「とてもうまくできた」と答えるだろう。悲しいことに、彼らは本気でそう信じている。なぜ「悲しい」のかというと、そう信じていていいことなど一つもなく、むしろ害になるからだ。

ネブラスカ大学リンカーン校の心理学者、ジュリア・ビショップとハイディ・インデルビッツェンは、五〇〇人の九年生の子供を対象に、いちばん好きなクラスメイトといちばん嫌いなクラスメイトを答えてもらうという調査を行った[注4]。次に、そこで名前があがった子供を、「人気者」から「嫌われ者」まで五つのカテゴリーに分類する。また二人は、子供たちの自信レベルについてのデータも集めていた。

ここまで読んだ人なら、もう結果は予想できるだろう。生徒の自信レベルと、クラスメイトからの人気の間には、何の関係も認められなかった。自信の高い子供と低い子供の違いはたった一つ、それはクラスに親しい友人がいるかどうかだった。親しい友人がいる子供は、自分の人気についても自信を持っていた。その気持ちは理解できるだろう。クラスに少なくとも一人は、自分を本当に好いてくれる子がいるのだから。しかし、親しい友人がいるから自分は人気者だと考えるのは、やはりどんなに控えめに表現しても非現実的だ。そもそも、全世界の人が親友と同じくらい自分を好いてくれるなら、人付き合いの不安や悩みがここまで蔓延することもないだろう[注5]。

どうやら人は、ごく幼いころから、自分の人間関係スキルを過大評価しているようだ。ある心理学者のグループが、学校の先生を対象に、自分が教える子供たちの社交スキル、人気度、教室内でのエチケットを評価してもらうという調査を行った。子供たちは全員で三〇〇人で、年齢は四歳から七歳になる[注6]。先生がつけた点数と、子供が自分でつけた点数の間にまったく関係は認められず、子供の自己評価は、たいてい先生の評価よりもかなり高い点数になった。

また別の例では、ドゥエイン・バーメスター博士の研究チームが、学生の社交スキルに対する自己評価と、ルームメイトからの評価を比較するという調査を行った[注7]。ここでもまた、自己評価と他者からの評価の間に関連は認められず、自信のある学生ほど、自分はどんな場面でも社交スキルが高いと信じている。バーメスター博士の言葉を引用しよう。

自己評価の高い学生は、人間関係を始めるとき、自分のことを打ち明けるとき、他人の態度に賛成できないということをはっきり伝えるとき、他人を心理的に支えるときなどで、自分の能力を高く評価していた。中でも人間関係のいざこざを解決する能力については、特に高く評価していた。しかし、ルームメイトの評価からは、まったく違う人物像が見えてくる。先にあげた五つの社交スキルのうちの四つで、自己評価とルームメイトの評価の相関係数はごく小さく、「人間関係の問題解決」能力で〇・〇一、「反対意見をはっきり述べる」能力で〇・一五だった[注8]。

自信家の学生がルームメイトから高評価を受けたのは、「人間関係を始める」という項目だ

[注5] これらの結果は次の研究でも再現されている。M. M. Dolcini and N. E. Adler in "Perceived Competencies, Peer Group Affiliation, and Risk Behavior Among Early Adolescents," *Health Psychology* 13, no. 6 (1994): 496-506.

けだった。これはむしろルームメイトからの評価のほうが高い。しかしそれでも、相関係数は〇・三八にすぎなかった。〇・三八という数字は、自己評価と他者からの評価の重なる部分がごく小さいことを意味している。

以上のことからわかるのは、自分の社交スキルを過大評価している人は、むしろ人から嫌われるということだ[注9]。社交スキルにおいても、自己評価と他者からの評価の間に関連はなく、自己評価の高い人ほどその乖離は大きくなる。

そこで、こんな疑問がわいてくる——そもそも社交スキルに自信があることは、何の役に立つのだろうか？　自信が本物の社交スキルにつながらないのなら、何の意味があるのだろう？　次からは、この質問の答えを考えていこう。

プレゼン戦略としての自信

人は自分の社交能力を正確に把握しておらず、特に自信がある人ほど勘違いが大きくなるという事実を踏まえ、心理学の世界では、人間関係における自信には別の役割があると考えられるようになった。数多くの証拠が示すのは、人間関係における自信は、むしろ「自己プレゼン戦略」としての役割を果たしているということだ。社会生活において、「こう見られたい自分」を演じているのである。

自分の社交スキル、特に初対面の人と接する能力に対する自己評価が高く、しかもそれは正しい評価だと自負していても、本当の能力を決めるのは他人の目だ。社交スキルに自信がある人は、他人も自分に好感を持っていると思い込もうとするが、現実がその通りであるとは限らない。そして社交スキルに自信がない人は、他人から好かれないこともあるという事実を現実的に受け入れている。

ここで大切なのは、社交スキルに対する自信のうち、意味があるのは外側からの評価だけだということだ。つまり、他者がまずあなたの社交スキルを評価して、あなたはその評価を受けて自分の能力を判定する――そして勘違いが大きい人は、ここで正しい評価を下せない。

他人から好かれる、または尊敬される自己プレゼン戦略は、大きく二つのタイプに分けられる。自信がありそうに見せる戦略と、自信がなさそうに見せる戦略だ。

自信がなさそうにしていて人に好印象を与えられるのかと驚いた人は、次の例を考えてもらいたい。自信がなさそうに演出する目的は、相手にポジティブな印象を与えることではなく、ネガティブな印象を与えないことだ。心理学の世界では、これを「回避目標」と呼んでいる。実際、人間の目標の50％は回避目標だ[注10]。これは有効な自己防衛戦略であり、社交の場で恥をかいたり、拒絶されたり、失敗したりといったことを予防できる。

人間関係に限らずどんな分野でも、自信のレベルはつねに一定ではなく、時と場合によって揺れがある。だから社交の場面でも、いい結果を求めるのではなく、むしろ悪い結果を避けることのほうが重視される場合もあるのだ。

心理学者のロイ・バウマイスターによると、人はときに、リスク回避の行動を選ぶか、それともリスクはあるが見返りも大きく、成功すれば評価が上がるという行動を選ぶか、決断を迫られることがある。バウマイスターは、人前でのパフォーマンスという例を用いて説明している。

私たちは、人前でパフォーマンスをするという選択もできるし（これはリスクのある選択肢だ。失敗して恥をかく可能性もあるし、成功して評価が上がる可能性もある）、断るほうを選択して恥をかくのを未然に防ぐこともできる（こちらはリスク回避の戦略。リスクを避けられるが、同時に成功の可能性もつぶしてしまう）。

自信があるようにふるまうという自己プレゼン戦略を使う人なら、おそらく人前でパフォーマンスをすることを選ぶだろう。逆に自信がないようにふるまう自己プレゼン戦略を用いる人なら、やらないほうを選ぶ［注11］。

つまり、社交スキルに対する自信が高い人も低い人も、希望通りの結果を追求しているという点ではまったく同じだということだ。違うのはその方法だけで、自信がない人は行動を抑制するという方法を選び、自信がある人は大胆でリスクを恐れない方法を選ぶ。

面白いことに、ここでも自信は低いほうが役に立つ。たいていの人にとって、周りから褒められるよりも、リスクを回避するほうが簡単に達成できるからだ。自信がなさそうにふるまう自己プレゼン戦略のほうが優れている理由は、大きく分けて三つになる。

1、自信がありそうにふるまうと周りの期待も高くなるが、自信がなさそうにしていると周りもそれほど期待しない。つまり自信がなさそうな態度は、「約束した以上のことをする」という原則を実践しているのだ。これはどんな場合であっても、「約束以下のことしかできない」より望ましい態度であり、そして約束以下になってしまうのは自信が高すぎるからだ。つまり、自信がなさそうにしていると、プレッシャーも少なくなり、他人を失望させる可能性も最小限になる［注12］。

2、自信が高すぎると、自分のパフォーマンスのできを間違って予測することにつながる。その結果、自分が恥をかくことになる。期待したほどうまくいかなかった場合、発生する問題は二つ考えられる。一つは、自分の能力を過大評価していたと気づくこと。そしてもう一つは、自分の間違いを認めたくないので現実を受け入れないことだ。前者の場合は自信が根底から揺らぐような大打撃を受けるし、後者の場合はこの先も長年にわたって社交生活で苦労することになる。社交スキルを向上させたいと思っていても、この勘違いが足かせになるだろう。

自分は思っていたほどすごくないという現実を突きつけられ、イヤな思いをしたくないがために現実をゆがめなければならないような状況を避けるには、最初から自信がなさそうにふるまうのがいちばんの方法だ。だから、たとえ内心では自信があっても、表向きは自信がなさそうにして、謙虚にふるまったほうがいい。そしてもし本当に自信がないなら、そのままの気持ちを出してかまわない。一般的に、自分が自分にいちばん厳しいほうが、自分の能力を過大評価して他人から批判されるよりずっといい。それに加えて、能力のわりには態度が控えめすぎるとしても、他人はあなたの能力を正しく評価して、好意を持ってくれる——謙虚な態度には、思っている以上に価値があるのだ。

3、一方で自信が低いと、ウィン・ウィンの状況を作り出すことができる。もし予想通りうまくできなかったら、少なくとも予想は当たったということであり、それ自体も立派な能力だ。そして、もし予想が悲観的すぎて、実際はずっとうまくできたのなら、それは嬉しい驚きであり、その結果として自信も高まる。このように、自信が低い状態でいると、最悪のシナリオに備えることができるだけでなく、予想が外れた場合は成功の利点も享受できる。バウマイスター博士の研究チームは、それをこう表現した——「失敗したときの屈辱は、事前に自信のある態度を見せた人ほど大きくなるが、

失敗を予想していた人はそれほど打撃を受けない」。［注13］

まとめると、社交スキルに対する自信が低い人は、他人を喜ばせようという気持ちは十分にあるが［注14］、失敗を未然に防いで自分を守るためにリスク回避の戦略を選び、それと同時に他人に好印象を与える可能性も高めている、ということだ。

社交スキルに自信を持つことの落とし穴

気づいている人はほとんどいないが、実は社交スキルに自信を持つことには大きなリスクがある。バウマイスター博士の研究チームもこう言っている。「自分のすばらしさをどんなに語っても、他人に高く評価される保証はない。周りからは、うぬぼれている、傲慢だ、などと思われるからだ。文化的にも、自分のことは謙遜するほうが望ましいとされている。自分のいいところを口に出す人は、鼻持ちならない自慢屋と思われたりして、とにかくいい印象は与えない」［注15］。

ここで「文化的」という言葉が出てきたことは重要な意味を持つ。なぜなら、他人の自慢や自己宣伝をどこまで許容するかは、文化によって違いがあるからだ。たぶんもうわかっていると思うが、アメリカは他の国と比べて自己宣伝に寛容だ。自己愛過剰の北米文化は、他のどの文化よりも、自分を大きく見せることを受け入れる。そのため、「自分らしくあれ」「他人の意見は気にするな」などといったメッセージも、説得力を持つのだ。アメリカでは、自信を持つことが何よりも重要だとされている[注16]。

しかし今まで見てきたように、どんな文化圏においても、人から好かれたい、または尊敬されたいと思っているのなら、自己宣伝はかえって逆効果だ。この分野に関する科学的な調査は、ほとんどアメリカ人を対象にしているが、それでも自信過剰の人は例外なく嫌われるという結果になっている。つまり、実力よりも自信のほうが大きいと思われたとたん、好感度は下がるということだ。

自己宣伝に余念がない人は、傲慢だと思われる[注17]。これは紛れもない事実だ。そして自慢をやめると、周りから好かれたり、尊敬されたりするチャンスも大きくなる。自分は黙っていても、他人が盛んに褒めてくれるような場合は特にそうだ。能ある鷹は爪を隠すと昔から言われているが、本当にその通りだということだ[注18]。

無礼な人、マナーを守らない人、攻撃的な人、すぐ反論する人、何でもずけずけものを言う人、思いやりがない人、他人を褒めない人――知り合いの中から、最初に頭に浮かんだ人を二人あげてみよう。彼らの自信レベルはどれくらいだろうか？　この本の印税をすべて賭けてもいいが、きっと二人とも「自信が低い」カテゴリーには入らないだろう。つまり、自信の高さは、自信の低さよりも、社交の妨げになるということだ。

たしかに世間では、自信があったほうが人付き合いもうまくいくと考えられているが、現実はその正反対のようだ。自信があるようにふるまうのは自分の限界や弱点を隠すためだが、むしろ謙虚な態度で自信なさそうにしていたほうが、もっと簡単に同じ効果を上げることができる。実際のところ、自信満々な態度を額面通りに受け取ってくれるのは、本当の実力を見極める能力を持たない人だけだ。それに、そんな人たちが相手であっても、やはり謙虚な態度のほうが、もっと簡単に好きになってもらえるだろう。

これはとても単純な話だ。もし本当に実力があるなら、わざわざ自分で宣伝する必要はない。そしてもし実力がないのなら、あるふりをしてもバレるのは時間の問題であり、そもそも全員をだませるわけでもない。逆に、実力はあるのに謙虚で、しかも自信のなさを隠さなかったら、周りから尊敬されるだけでなく、同情もしてもらえるだろう。もしあなたが社交スキルに自信がないタイプなら、自慢を我慢するのは簡単なはずだ。自己宣伝がすぎて嫌われる危険は小さいだろう。

自信が低いほうが人から好かれる

心理学者のウィリアム・ジェームズによると、人間を動かすもっとも根源的な力は、「人に認められたい」という欲求だという。この言葉ほど、人間の社交生活の本質を見事に言い表したものは他にないだろう。世界のどんな場所であっても、人間関係の根底にあるのは、「受け入れられたい」「認められたい」という欲求だ。それはこれからもずっと変わらない。

一方で、その欲求がどの程度強いかは人によって異なる。そして、自分は受け入れられているという自信が低いほど、受け入れられるための努力を惜しまない。

ここで、立場を逆にして考えてみよう。受け入れられたい、好かれたいと思っているのが他人で、あなたは彼らを承認する立場だとする。そして、彼らを「自信が高い人」と「自信が低い人」に分類すると……。あなたの周りにいるのは、あなたに受け入れられるための努力をしない自信家と、あなたに認められるために頑張る自信のない人だ。つまり、ウィリアム・ジェームズの言葉は、社交生活における自信と実力の関係を逆から表現しているということだ。それに加えて、社交スキルの自信が低いほうが、より高度なスキルの獲得につながるということも証明している。

それでは、他人の承認をもっとも必要としているのは、いったいどんな人たちなのか。それは、自信のない人たちだ。そして、他人の承認を求めると、どんな結果が待っているのか。

それは、社会の誕生だ。現に文明とは、他人を喜ばせたいという欲求の産物であり、そして規則や規範を作ることでその欲求をさらに強化している。

たとえば社会には、次のような決まりがある——人のために何かしてあげたら、お返しに何かしてもらえる。人に親切にしたら、自分も親切にしてもらえる。究極的に、私たちが社会のルールを守って行動するのは、人からよく見られたいと思っているからだ。社交スキルに自信がない人は、他人に好印象を与える可能性も低いと考える。そして、自分は他人に愛されない、尊敬されない、認められないという気持ちが、社交不安を生むことになる[注19]。社交能力の自信が低いということは、つまるところ拒絶される恐怖であり、または大切にされないことへの恐怖だ。

自信の低さはまた、その根底に他人との競争という要素もある[注20]。それが明らかになるのは、他人から思ったように認められず、自信をなくすような状況だ。ここでもまた、自信のなさが適応力につながる例を見ることができるだろう。社交スキルに対する自信が低いのは、他者とつながりたいという基本的な欲求が満たされなかったか、または満たされないことが予想されるからだ。つまり自信のなさは、自分はまだ能力不足であり、理想とする人間にはなっていないというサインの役割を果たしている。

もちろん、他人から見た自分を、必要以上に低く見積もっている可能性も考えられるだろう。本当はそこまで厳しい評価は受けていないかもしれない。とはいえ、どうせ間違えるなら、自分に低すぎる点数をつけるほうがいい。どんな目標であっても、それを達成するには他人の存在が欠かせないことを考えると、社交の場面での自信は、自信全体の中でも大きな地位を占めている。それに加えて、社交以外のどんな分野であっても、自信の低さは、他人の自分を見る目を変えることはできないという気持ちと結びついている。

社交スキルを向上させる三つの方法

社交スキルに対する自信の低さを、社交スキルの向上につなげるには、明確な方法が三つある。この三つの方法は、社交不安障害という極端なケースであっても有効だ。

方法1：悲観的な現実主義

すでに見たように、社交スキルに自信があることと、実際に社交スキルがあることの間の相関係数はほぼゼロになる。その理由は、自信がある人は自分の能力を過大評価するからだ。逆に自信がない人は、自分の欠点や弱点を自覚している。そのため、自信の低さがもたらす第一の利点は、自分の社交スキルを正確に評価できることだ。言い換えると、自信の低さのおかげで、「悲観的な現実主義」を身につけられるということでもある。つまり、自分の社交スキルは理想の状態に達していないと自覚できるということだ。

では、どうやって自覚するのか。それは、否定的なフィードバックに耳を傾けるか、または他人が出す否定的なサインを見逃さないことだ――ちなみに自信がある人は、こういうことは絶対にしない。社交スキルに自信がある人は、自分が思っているほど人気者ではないことを示す証拠を無視する傾向がある。それどころか、現実をゆがめてまで、自分は魅力たっぷりでみんなに好かれていると思い込もうとするのだ。

一方で、自信のない人はこの正反対だ。自分が好かれていることを示す証拠は無視し、あえて否定的な意見ばかりに注目する。もちろん、物事の悪い面ばかりを見るのは気が滅入るものだ。しかし、自分のパフォーマンスを向上させ、実力をつけるには、これが唯一の方法になる。自分の弱点を知り、自信をなくしてもかまわないということを知る。何か気になることがあるのなら、気づかないふりをしてはいけない。むしろ対策のために行動を起こすことが必要だ。

皮肉なことに、自信の低さから生まれた悲観主義によってさらに現実的になれるのは、自信の高さから生まれた楽観主義が勘違いにつながるからでもある。昔から言われているように、「目の見えない人の王国では、片目が見える人間は王になれる」ということだ。

方法2：自意識を保つ（お酒の席でも）

お酒を飲んで気が大きくなった経験はあるだろうか？　人はほろ酔い加減になると（泥酔ではない）、なんだか楽しい気分になり、普段なら恥ずかしいことが平気でできるようになる。アルコールには、社交の場面で自信を大きくしてくれる効果がある。もしこの効果がなくなったら、アルコールの消費も激減するだろう。

アルコールの効果は、自信の高さがもたらす効果と似ているかもしれない。人は酔っ払うと、オフィスのクリスマスパーティでカラオケを歌ったり、バーで気になった人に声をかけたりできる。素面《しらふ》だったら絶対に声をかけられないような相手でも、酒の力を借りればできるのだ。社交スキルに対する自信の高さもそれと同じで、自分に対する抑制がなくなり、自然の本能に従って行動できる。一見するとすばらしいことのようだが、本当にそうだろうか？

素面のときに、酔っ払った自分の醜態を見た経験のある人なら（おそらく、ネットに投稿された動画や写真を通して）、アルコールに社交スキルを向上させる効果はないということに気づいているだろう。ただ周りが、酒のせいだからと寛容になってくれるだけだ。それに加えて、人は酒が入ると、自分に対しても甘くなる。実際のところ、そういったことは利点でも何でもない。

もしお酒を飲んでも自意識から解放されなかったら、そもそもバカなことはしないはずだ。そして、それが素面であることのすごい点でもある。自分の行動を絶えず監視することで、「本当の自分」を出すことを抑制するのだ。こう考えると、社交スキルに対する自信の低さは、実は素面の極端なバージョンであることがわかるだろう。そして社交不安障害（社交スキルの自信が極端に低い状態）は、社交スキルが高いのは、酔っ払ったのと同じ状態だ。酒が入るとそれと同じ意味で、社交スキルの自信が高いのは、酔っ払ったのと同じ状態だ。酒が入ると羞恥心がなくなり、酔いが覚めたら絶対に後悔するようなことをしてしまう。

まとめると、自信が低いと他人の評価が気になり、そして他人の評価を気にすることは社会生活に欠かせないスキルだ。自信が高いのはその逆で、酔っ払ったときと同じように気が大きくなる。羽を伸ばし、人目を気にせずに行動できるが、結局は自分の評価を下げることになる。自分が自分に対していちばん厳しくなれば、他人から批判されることはなくなるだろう。

方法3：とにかく準備を怠らない

社交不安障害は、このままでは他人に悲惨な印象を与えることになるぞという警告の役割を果たしている。それに加えて、恐れているイベントを前にして、失敗して恥をかく確率を最小限に抑えるために、積極的に準備をするモチベーションにもなるのだ。何か社交上の失敗が予想されるとき（たとえば、デート、就職の面接、テスト、ミーティング、プレゼンなど、失敗すると面目を失うようなイベント）、理にかなった行動は一つしかない。それは、とにかく準備、準備、準備だ。

自信の低さは、おそらく実力の低さを正確に反映しているので（たとえ自分に厳しすぎる面も多少はあるにしても）、実力をつけるモチベーションの役割を果たしてくれる。もちろん、自分にプレッシャーをかけすぎてしまう嫌いもあるが、プレッシャーは向上心の邪魔にはならない。現実的な自己批判がきっかけとなって目標ができたのなら、自己批判をせずに失敗を恐れていない状態よりも、能力を高められる可能性が高くなる。

自信があることは、実際のパフォーマンスの段階になれば役に立つだろうが、役に立つと言っても微々たるものであり、それよりも自信があるせいで準備を怠ることのマイナス面のほうがずっと大きい。逆に、自信が低くなるほど、自分のパフォーマンスに関する予想が悲観的になり、さらに念入りに準備しようという気持ちになる――そして、準備しすぎるくらい準備していれば、本番で少しくらい失敗してもカバーできるのだ。

学校一の秀才を思い浮かべてみよう。彼らはきっと、試験の難しさを予想するときは悲観的になり、失敗することをかなり心配しているに違いない。そうやって心配が絶えないので、真面目に勉強する。または、就職の面接を控えた人や、大事な試合を控えたアスリート、オーディションを受けるアーティストでもいい。どんな分野であっても、自分の持っている能力を質の高いパフォーマンスに変換できるかどうかは、すべて準備にかかっている。そして、どれくらい熱心に準備するかは、自信のレベルと反比例するのだ。

これらの三つの方法を無視したい、または社交スキルに自信は関係ないという話が信じられないという人には、言いにくいことをあえて言ってさしあげよう。それは、社交スキルの自信を意図的に高くするのは、ほぼ不可能だということだ。

悲観的な人、慎重にリスクを避ける人、用心深い人から、楽観的な人、リスクよりもリターンを重視する人、自己評価が高い人へ、まるでスイッチを切り替えるように変身することはできない。簡単に言うと、社交スキルに自信がない人から、自信がある人に変わろうとしても、本当は自信がないことがすぐにバレて、その結果として失敗するということだ（たとえ他人をだまし通すことができたとしても、自分自身はだませない）。なぜなら、社交の場での性格は、子供のころの体験、さらには遺伝子レベルですでに決まっているからだ。

社交スキルは幼児体験によって決まる

大人になってからの行動のほとんどは、幼児体験に原因がある――この考え方を最初に提唱したのはジークムント・フロイトだ。そしてフロイト以降、ほとんどの心理学者が同じような結論に達している(たとえフロイトのそれ以外の理論には同意できなくても)。

フロイトのこの説は、社交スキルに対する自信とも密接な関係がある。悲観的で悪い結果ばかり予想する人も、逆に楽観的で社交の場面をまったく恐れていない人も、ごく幼いころにその性格の基礎が作られ、大人になってからは簡単に変えることはできないのだ。これは心理学でもっとも説得力のある事実の一つであり、大げさに騒ぐようなことでもない。むしろ素直に受け入れたほうが、いろいろと役に立ってくれるだろう。それでは、そもそもの始まりはどこにあるのだろうか?

それは、生まれる前だ。物事をポジティブにとらえる性格になるか、それともネガティブにとらえる性格になるかは、生まれる前からすでに決まっている。人付き合いや社交の場面が苦手な人は、そもそも脅威や危険をことさらに警戒する傾向がある。そして、どうしてそうなったかというと、遺伝的に脳の構造がそうなっているからだ。

母親からの遺伝と父親からの遺伝のどちらが多いかまではわからないが、一卵性の双子と二卵性の双子を比較した研究によると、同じ遺伝子を持っている一卵性のほうが脅威への感受性が似ていて、その結果として不安傾向も似ているという。つまり、社交の場面での自信は、すべてとは言わないまでも、ある程度まで遺伝で決まっているということだ。

人は生まれるとすぐに、生まれ持った不安傾向のレベルによって、自分を育ててくれる人

（母親であることが多い）との関係が決まる。そして育ててくれる人のほうも、赤ちゃんの感情に対して敏感な人もいれば、そうでもない人もいる。そこから親子関係のパターンが生まれ、最初の数年でだいたい固定化される。

児童心理学者で、幼少期の親子関係の問題に詳しいフランシス・ヴァーチュー博士によると、子供は生まれたばかりのときの養育者との関係を通して、親や周りの大人に対する思い込みや期待を形成することになる。これらの思い込みや期待（心理学用語で「作業モデル」と呼ばれる）は、たいてい大人になってもずっと変わらず、自分の世界観や人間関係（親子、友人、同僚など）のパターンに影響を与える。物事の解釈の仕方や、考え方は変わるかもしれないが、根っこの部分では、幼児期に親などの自分に大きな影響を与える大人との関係において経験したことが基盤になっている［注21］。

このように遺伝と幼児期の体験が組み合わさり、だいたい全体の50％くらいの人が、人付き合いや社交の場面に不安を持つようなタイプになる［注22］。そういう人は、ネガティブなサインを敏感に感じ取り、恥をかきたくない、他人に認められたいという動機で行動する。

社交の場面が苦手だと感じる作業モデルは、大きく分けて三つある。本人にとってはどれも自信をなくす要因だが、逆に考えれば実力を高める役割も果たしてくれるのだ。

一つ目のモデルは「恐怖」だ。自分や他人について、ネガティブな思いを持っている状態が恐怖につながる。恐怖が根底にある人は、他者からの承認を求める気持ちが強いが、一方で他人を信用していない。そして当然ながら、社交の場面での自信は低い。

二つ目のモデルは、自分のことで頭がいっぱいになっている人だ。自分に対する疑問ばかりで、他人には疑問を持たない。この場合は、他人からの言葉のほうが、自信のなさを解消するうえで効果がある。

そして三つ目のモデルが「回避」だ。このタイプは、自分のことは信じているが、他人を信じていない[注23]。他人は当てにせず、自分の力で何でもできてしまうので、三つのモデルの中で他人とつながるのがいちばん難しい。

しかし、これは大事なことなのだが、以上のような三つの性質から生まれる不安は、傑出した成功につながる原動力になることが多い。どんな分野の成功者であっても、もっと自信家だったらこのレベルには到達できなかっただろうという人はたくさんいる。それに、もうおわかりだろうが、不安や自信のなさを解消する唯一の薬は、実際に成功することだ。失敗を恐れるあまり人一倍努力して、そのおかげで成功した場合は特にそうだろう。

たとえば、以前に会ったことがあるかなり成功した起業家は、失敗が怖くてたまらないと漏らしていた。失敗したときの恥ずかしさや屈辱は、とても耐えられないという。そこで、失敗という恐ろしい結末を避けるために、できることは何でもやるのだ。あらゆることでトップを目指して努力するのは、人に認められるもっとも確実な方法だ。

まとめると、社交の場面で不安を感じるのは、自分は他人にいい印象を与えられないと確信しているからであり、そしてその確信はだいたいにおいて正しいので（悲観的な性格による思い込みの部分もあるので、30％ほど割り引いて考えようか）、あなたはただ努力して社交スキルを磨き、社交の自信を高めるしかない。次からは、そのための具体的な方法を見ていこう。

ちょっとしたコツで人間関係の達人になれる

ある人が魅力的かどうか、または一緒にいてイライラするかどうかは、誰にでもわかることだ。しかし、社交スキルが高いかどうかは、どうやって判断すればいいのだろうか？　ここまで読んだ人ならもうわかっているだろうが、人は基本的に、他人の社交スキルも自分の社交スキルも正しく評価できない。

そこで、もっと単純化して考えてみよう。社交スキルを構成する要素は、大きく分けて三つしかない。一つ目は、人の心を読む能力だ。心理学者からは「社会的知識」と呼ばれることもある。社会的知識のない人は、他人を理解することができない。つまり、人が何をしているのか、それをする理由は何か、その言葉の意味は何なのかといったことがわからないのだ。そういう人は、あらゆる社交の場面で苦労することになるだろう。普通の人が、言葉もわからず、文化も慣習もまったく違う外国に行ったときに経験する苦労を、このタイプの人は日常的に経験している。

二つ目は、すでに見てきたことだが、上手な自己プレゼンテーションだ。社交スキルの高い人は、「望ましい自分」を演じることができる。

そして三つ目は、人に影響を与える能力だ。これが社交スキルの三つの要素の中でいちばん重要になる。簡単に言うと、他人を自分の望み通りに動かすということだ。この要素を手に入れるには、最初の二つをマスターしていることが最低条件になる。

まとめよう。「社交スキル=人の心を読む+自分をよく見せる+人に影響を与える」

ここで難しいのは、この方程式を実践することだ。三つのうちの二つでもマスターできたら、人間関係はかなり順調になるだろう。三つ全部マスターできたら、人間関係の達人になれる。プライベートだけでなく、仕事の人間関係も大成功だろう。そして一つだけしかマスターできない人(または、一つもマスターできない人)は、人生のあらゆる場面で苦労することになる。

次からは、この三つの要素についてさらに詳しく見ていこう。それに加えて、社交スキルを磨くうえで、自信の低さがどう関係してくるかについても考えていく。

まるで本を読むように人の心を読む[注24]

簡単に言うと、他人の心をよく理解できる人は、社交スキルが高く、それゆえに人間関係がうまくいく。実際、他人を知ることは、自分を知ることより大切だというだけでなく、そもそも他人を知らなければ自分を知ることもできないのだ。なぜなら、すでに述べたように、自己評価よりも他者からの評価のほうが、あなたの姿を正しくとらえているからだ。

そこで、他人を理解する能力を磨き、自分の有利になるように活用するには、どうすればいいのだろうか？　答えは簡単で、他人の欲しいものを知ればいいのだ。それでは、他人は何を欲しがっているのだろうか？　答えはもちろん、あなたが欲しがっている三つのものと同じものだ。

愛（人から感謝され、大切にされること）
成功（ステータスを手に入れる、または自分の目標を達成すること。他人に認められる能力を身につけること）
知識（世界を理解し、コントロールしているという感覚を手に入れること）

この三つは「支配動機」と呼ばれ、どんな文化や社会に暮らす人でも必ず持っている。それに、人間関係を築くうえで、もっとも大切な基礎になる要素でもある[注25]。つまり、他人はあなたとまったく同じものを欲しがっているということだ。あなただって、この本を読んでいるのは、自信についてもっと知りたいと思ったからであり（知識が欲しい）、その知識を生かして人間関係を向上させ（愛が欲しい）、また何かを達成したいと思ったからだろう（成功したい）。

自己プレゼンテーション

どんな人でも、何らかの社交能力を発揮することはできる。たとえば、仲のいい友達や、嫌いではない家族と一緒にいるときの自分を思い出してみよう。そのときのあなたが、自分の社交能力を最大限に発揮した状態のあなただ。なぜなら、自分が考える自分やアイデンティティを、他人に伝えることに成功しているからだ。言い換えると、自分が「こう見られたい」と思っている通りに、相手に見られることに成功している。そして、こう見られたい自分とは、自分にいちばん満足しているときの自分だ。

心理学者のダイアン・タイスらによると、「自己プレゼン力が高い」とは次のようなことを意味する――「（自己プレゼンとは、）人が社会の中で、自分のアイデンティティの承認を得る手続きのことだ。自分の頭の中だけであれば、どんなアイデンティティを夢想してもかまわないかもしれないが、自分のアイデンティティはこうだときちんと主張したいのなら、社会の承認を得ることが不可欠になる。そのため、アイデンティティを構築するには、自分は望ましい性質や資質を持っているということを、他者にも認めてもらわなければならない」[注26]。

ありがたいことに、社会における人との関わり合いのほとんどは、身近な親しい人が相手だ。一説によると、人間は全時間の80%を使って知っている人の20%と一緒にすごしていて、残りの80%の人（赤の他人、一回しか会わない人なども含まれる）に費やす時間は全時間の20%だという。

たとえば、フェイスブックの「友達」が何百人いようとも、頻繁にやりとりをしているのは五人か六人だろう。これは、人が一度に持てるごく親しい友人の数と一致する[注27]。当たり前のことではあるが、親密さの度合いを決めるのは、その人と接する頻度だ。人は頻繁に顔を合わせる人としか本物の絆を持つことはできない――たとえそれが、フェイスブックの中だったとしても[注28]。

どんな人でも、自分を好いてくれる人、一緒にいてリラックスできる人がいる。そこで問題は、他人を相手にするときも、それと同じ効果を出すことだ。他人と一緒にいるときも、同じようにリラックスできて、相手からも好意を持ってもらう。そうすれば、その人と親しくなれるチャンスも大きくなるだろう。しかし、そこでいちばん困るのは、親しい人たちと一緒にいるときの自分を、会ったばかりの他人の前では出せないことだ。

人は誰でも、自分が考える理想の自分を、自分のペルソナ（社会的な顔）として確立したいと思っている。人からそう認められれば、自分の勝手な思い込みではなくなるからだ。心理学者のロイ・バウマイスターらも言っているように、「周りからは平凡だと思われているのに、自分は頭がいい、自分は魅力的だと信じるのは難しい」ということだ[注29]。

社交スキルの自信が低い人は、理想の自分を演出したがる傾向が特に強くなる。自信がない人ほど、自分の社交能力の低さを隠し、他者からの評価を上げるために、自分の印象をコントロールしようとするからだ。逆に自分の社交スキルに絶対の自信を持っている人は、相手に与える印象などまったく考えず、ただ好きなようにふるまう。つまり、相手の目をまったく意識していないということだ。

ここで、相手に好印象を与えなければならない場面を想像してみよう。たとえば、デートや、誰かと初めて会うときだ。相手によく思われたいと意識しているのなら、それができないかもしれないという心配があるということだ。そこで、相手の反応に注目し、サインを読み取りながら自分の態度を調整していく。たとえば、相手が嫌がりそうなことは言わないようにする、といったことだ。

また、社交能力を研究する第一線の研究者たちによると、自己プレゼンテーションの神髄とは「対人関係における自己コントロール」だという。つまり、公的な社交の場面で、高いレベルの自己コントロール力を発揮できる能力ということだ[注30]。自己コントロール力の高い人は、他人に好印象を与えることができる。そしてその結果、他人もコントロールできるのだ。それに加えて、社交スキルに自信がない人は、謙虚な人に見られることが多く、そしてすでに見たように、謙虚さは人に好印象を与える[注31]。

この「相手の気持ちを考える」という態度は、社交スキルに自信がなく、自分を主張しない人たちの特徴だ。昔から「自己主張しないのは最悪のコミュニケーション術だ」というように言われているが（自己愛過剰の社会にありがちな考え方だ）、実際は、支配的な人や自信満々な人よりも、謙虚な人のほうが好かれている――アメリカでさえそうだ。

つまり、社交能力に自信がないという状態でいると、親しい人たちの前でしか見せないようなありのままの自分を抑制しようという気持ちが働くのだ。それにそもそも、ありのままのあなたを許容してくれるのは、本当に親しい家族や友人だけである。

自分についてどんな情報を他人に伝えるか、戦略的に選ばなければならない。人はあなたのいちばんいい面を見たいと思っている。さらに理想を言えば、行動が完全に予測できる人になるのが望ましい。そうすれば、彼らも「自分がコントロールしている」という感覚を手に入れることができるし、また「知識」への欲求を満たすこともできる。つまり、巧みな自己プレゼン術とは、言動が予想できる人間になることだ――つねに「相手が考えるあなた」

から予想される行動を取る。もしあなたが予想外の行動ばかり取っていたら、相手は大混乱してしまうだろう。

ここまでは自己プレゼン術の大切さを見てきたが、だからといって自分をよく見せることばかりにこだわるのも禁物だ。ある程度の自信のなさは社交スキルを高めるうえで有効だが、あまりにも不安が大きすぎると怖くて何もできない状態になり、パフォーマンスの質が下がってしまう。

人前で話すときでも、人前でパフォーマンスをするときでも、初対面の人と会うときでも、あなたの目標は、相手に思い通りの印象を与えることと、相手のフィードバックに臨機応変に対応していくことの間で、健全なバランスを保つことだ。

たとえば私の場合、大勢の聴衆を前に何か話すときは、絶対に話したい事柄を二つか三つメモした紙を用意することにしている。そして講演が始まると、予定通りに話すことに気を配りつつ、聴衆の反応にも気を配っている。ここで聴衆の反応ばかり気にしていると、予定していた話をするのを忘れてしまい、そうなると講演の質が下がることになる。

フロリダ大学の心理学者で、自己プレゼンテーションにおける精神の働きについて研究しているベス・ポンタリとバリー・シュレンカーも言っているように[注32]、自分の社交スキルに自信のない人は、人の反応を気にしすぎる傾向がある。自己認識のレベルが高く、それに加えて社交不安の傾向がある人は、ネガティブな自己イメージを持ちやすく、そのため自分の欠点や限界にばかり注目する。そうやって自分の心配ばかりしていると、目の前の状況や、やるべきことに注意が向かなくなり、当然ながら「相手に好印象を与える」という課題もおろそかになる。

数々の研究によると、自信の低い人は、何かタスクを与えられると社交スキルが高くなるという。タスクによって気が散り、自分のことばかり心配しなくなるからだ。これはどこか、眠れないときに羊を数えることに似ていなくもない。意味のないタスクで頭を使うことで、しつこい思考をシャットアウトするのだ。

何かを達成したいという気持ちがとても強いとき、脳の回転数は異常に高くなる。しかし皮肉なことに、これはむしろ非生産的な状態だ。ネガティブな自己分析にとらわれているせいで、かえってその悪い自分が出てしまうかもしれないからだ。社交の場面が苦手で、しつこいネガティブ思考にとらわれがちな人は、何かのタスクで気を紛らわせるといいだろう[注33]。そんなタスクのリストを用意しておき（理想的なタスクは、達成したい目標だ）、リストのことをつねに頭に置きながら、たまに相手の反応を「チェック」するくらいがちょうどいい。

他人に影響を与える

理想の自分を見せる自己プレゼンができ、しかも人の心も読める人だけが、この最終関門をクリアすることができる——それは、他人に影響を与えることだ。影響力を発揮するベストの方法を知りたいなら、最新の研究成果もソーシャルメディアの最新トレンドも関係ない。人間は百年前からほとんど変わっていないからだ。

人はずっと昔から、愛と知識とステータスを求めている。この欲求は世界共通であり、影響力の原則もそれは同じだ。ここで、影響力の専門家であるデール・カーネギーのありがたい言葉を思い出してみよう。著書『人を動かす』（創元社）[注34]の中で、カーネギーは、影響力を身につける実践的な方法をリストにしている。その中から私のお気に入りをいくつか紹介しよう。

(1) 批判するのは愚かな人間だけだ

人を批判したくなる気持ちはわかるが、それは本当に賢い人間がやることではない。誰かを批判するのは、相手が間違っていて自分が正しいと考えているからだ。しかし、ここで大切なのはどちらが正しいかということではなく、相手がなぜそのように考えたかということだ。相手の動機を理解しようとすれば、批判したいという気持ちを抑えることができるだろう。さらに、99％のケースでは、はっきりした正解と間違いがあるわけではなく、無数の可能性があるだけだ。つまり、どんなに自分が正しいと確信していても、自分と正反対の意見の人も、あなたと同じくらい正しいケースがほとんどだということだ。

(2)文句を言わない

批判するのが簡単なように、文句を言うのも簡単だ。しかし、文句を言うことには大きな問題が二つある。一つは、周りの人をイライラさせること。そしてもう一つは、自分もイライラすることだ。物事は完璧にはいかないということを受け入れることができれば、日々の問題とも折り合いをつけることができるだろう。すべてを思い通りにするのは不可能であり、自分の力ではコントロールできないこともある。しかし、文句を言いたいという自分の気持ちなら、コントロールすることができるだろう――そして気持ちをコントロールすれば、イライラすることも少なくなり、周りの人の好感度も上がる（彼らが友人でも、同僚でも、または家族でも）。

(3)人を率直に褒める

他人が聞きたいのは、正直な褒め言葉だけだ。批判を冷静に受け止められる人はほとんどいない。どんな人でも、人から認められたい、褒められたいと思っている。相手のいいところを見つけて、心から褒めるようにする。そうすればその人はあなたが好きになり、あなたと一緒にいたいと思うようになるだろう。しかし、嘘をつくのはいけない。褒め言葉が効果を発揮するのは、本気で褒めていることが伝わるときだけだ——だから、じっくり時間をかけて相手の長所を探し出し、その長所が会話の中心になるようにしよう。

(4)自分が欲しいものを相手にも欲しがらせる

人に何かをしてもらいたかったら、その人に「それがしたい」と思わせるのが唯一の方法だ。これがモチベーションの極意である。意味のあるモチベーションは、自分が「やりたい」と思う気持ちだけだ。そこで、誰かに影響を与えたいのなら、まず相手に「やりたい」というモチベーションを持ってもらうことになる。これができる人がほとんどいないのは、相手の視点に立っていないからだ。相手の立場で世界を見れば、どうすればその人のやる気を刺激できるかわかるだろう。

(5)他人に興味を持つ

それが彼らの望みだ。たいていの人が自己中心的なので、他人に興味を持つ人はめったにいない。つまり、世の中のほとんどの人が、他人の関心に飢えているということだ。そこであなたが彼らに興味を持てば(たとえば、質問をする、彼らの話題を会話の中心にする、そしていちばん大切なのが、彼らの言葉と行動に注意を払う、など)、彼らはあなたに夢中になるだろう。

(6)笑顔

笑顔の効果は絶対だ。それに導入するのも簡単だ。他人に好意を持ってもらうのに、笑顔ほど簡単で、手軽で、効果がある方法は他にない。よく笑顔を見せる人は、信頼できる、優しい、社交スキルが高い、魅力的だという印象を与える。それに、笑顔なら完全に自分の力でコントロールできる。笑顔を作るのは意図的な行為であり、もしうまく笑えないというのなら、何か面白いことを思い出せばいい。

(7)人の名前を覚える

人間にとって、自分の名前ほど大切なものはない。名前を覚えれば、相手を大切に思っていることを、簡単に素早く伝えることができる(ほとんどの人が、他人の名前は忘れるが、自分の名前は覚えていてほしいと思っている)。

(8)聞く

話すことなら誰でもできるが、聞ける人はほとんどいない。考えてみれば、話すことより聞くことのほうが簡単なはずだ。それなのに聞く人より話す人のほうが多いところを見ると、どうやら実際はそうではないらしい。当然ながら、聞き上手な人の需要は高く、話す人は供給過剰だ。

(9)人に話をさせる(そして自分は聞いている)

そうすれば好感度が上がる。なぜなら、スポットライトをめぐって争うのではなく、相手を主役にしているからだ。それに加えて、自分自身のことを話してもらうのは、相手に興味を持っていることを示すいい方法だ。たいていの人は他人に興味を持たないし、持っているそぶりも見せない。

⑽相手が好きなものを話題にする

世界を彼らの目で見る（または、少なくともそう努力はする）。いつも自分の視点でばかり見ていたら、他人を理解することは絶対にできないし、自分のことさえ理解できないだろう。他人の視点で物事を眺めるようにすると、世界を四次元でとらえることができる。その四次元の中にはあなたも入っている！

⑾相手を大切に思っていること、すごいと思っていることを示す

重要人物かどうかに関係なく、どんな人でも自分を認められたいと思っている。本当に重要人物だったら、それなりの扱いを受けなければ腹を立てるだろうし、それほど重要でない人は、大切に扱われたら驚くとともに嬉しくなるだろう。だから相手が誰であろうが、重要人物として扱えば双方にとってウィン・ウィンだ。

⑿口論をしない

口論に勝つ方法はただ一つ、それは口論をしないことだ。たいていの人は、他人の言うことにすぐに反論する。自分が正しいと思っているときは特にそうだ。とはいえ、自分が間違っていることを証明されるのが好きな人はいない。つまり、口論を避けることができれば、自分のエネルギーを浪費せずにすむだけでなく、人に反論しないことで好感度がアップし、さらにもっと大切な活動に時間とリソースを使うことができる。また、口論を避けると、相手も面目を失わずにすむ。口論になれば、自分が負けるか、または自分が勝って相手に恥をかかせることになる。そもそも口論をしなければ、どちらの結果も避けることができる。

⒀他人の意見を尊重する

他人に「あなたは間違っている」と言ってはいけない。特に本当に間違っているときほど言ってはいけない。心理学者のウィリアム・ジェームズは、真実もまた一つの考えにすぎないと言っている。つまり、考えは考えでしかないが、「真実」と定義されることもある、ということだ。そして、その定義を決めるのは、人間の意見でしかない。その証拠に、同じ考えでも、真実とされることもあれば、間違っているとされることもある。

⒁自分の間違いを認める

間違いを認め、十分に自責の念を持っていれば、たいていの失敗や間違いは許してもらえる。だから、完全に自分が悪かったという確信がなくても、否定するよりは認めてしまったほうがいい。

⒂まずポジティブなフィードバックから口にする

褒め言葉は、歯医者で歯を削られる前の麻酔のようなものだ。いつもいいことから話すようにしよう。そしてだんだんとネガティブな内容に移り、そして最後はいいことで締めくくる。

⒃相手に「イエス」と言わせる

相手に「イエス」と言わせているうちに、相手はあなたも自分と同じ考えだと思い込むようになる（つまり、自分と同じ考えだから、あなたはすばらしい人だ！）。このテクニックは昔からセールスの世界で活用されていて、「フット・イン・ザ・ドア」という名前で呼ばれている。まずは小さな要求から始めて、相手に「イエス」と言わせていくのだ。

(17)自分のアイデアを他人の手柄にする

これをしてもらった人は、自分が特別な存在になったように感じる。そして、自尊心を少しでも高めたいと切望している人を相手に、その気持ちを真っ向から否定するのは、いちばんやってはいけないことだ。そもそも、どんなアイデアであっても、純粋に自分だけで考えたと言えるケースはごくまれだ。たいていの人が、自分のアイデアの出所のことはすっかり忘れている。アルバート・アインシュタインもこう言っている——独創性とは、主にアイデアの源泉を隠す能力のことである（他人から隠すだけでなく、自分からも隠す）。

(18)心から褒める

相手の褒められるところをつねに探すようにする。本気で褒めると、褒められたほうは必ずいい気分になる。そして誰かをいい気分にさせると、その人はほぼ確実にあなたを好きになる。中には褒めるところのない人もいるが（本当に嫌いな人を思い出してみよう）、ほんの少しの想像力と、魅力的なインセンティブさえあれば、いいところの一つや二つは簡単に見つかるだろう。その見返りは、相手に好かれることだけではない。褒められた人は気分がよくなり、実際にいい人になり、そしてますますいいところが見つかるようになる。つまり褒め言葉は、一種の自己充足的予言になるということだ。最初は１００％本当のことでなくても、本気で口にすれば、いつか本当のことになる！

⒆いい評価を与え、それを目標にしてもらう

社交スキルに関するアドバイスはいろいろあるが、これがおそらくベストのアドバイスだろう。評価は他人が決めるものなので（つまり、あなたの評価は、他人があなたについてどう考えるかによって決まる）、誰かを評価することによって、その人のアイデンティティ（自分が考える自分像）に影響を与えることができる。子供に向かって「いい子だね」と言えば、その子はいい子としてふるまう。「悪い子だね」と言えば、悪い子としてふるまう。大人が相手でもそれは同じだ。人は誰でも、長所と短所がある。自分の短所ばかり指摘する人と一緒にいると、気分が落ち込んでくる。逆に長所ばかり注目してくれる人と一緒にいると、自信がついて実際に向上できる。

デール・カーネギーがこのリストを発表してからほぼ一世紀が経過したが、現代の心理学者もカーネギーと同じ考えだ。最新の研究によると、社交能力とは、対人応答性、社会的成熟、社会的コントロールの組み合わせだと考えるとわかりやすいという[注35]。

対人応答性とは、他者に対して思いやりや関心を示すことだ。言うまでもなく、尊大な人よりも、控えめで謙虚、そして自信の低い人のほうが、対人応答性が高いことになる。社会的成熟とは、ネガティブな感情をコントロールし、他者を理解し、自分とは違う人を受け入れる能力のことだ。そして最後の社会的コントロールとは、他者に影響を与えるために自分の社交スキルを高めようとすることだ――くり返すが、自分の社交スキルは高くないと認識したほうが、向上しようというモチベーションは高くなる。

ここでさらに大切なのは、カーネギーの原則を実践するのも、自信が高いより低いほうがいいということだ。自分の社交スキルに自信があり、人から好かれていると思っている人は、より気軽に知らない人と会話を始められるだろう。しかし、彼らが有利であるのもそこまでだ。実際のところ、そこから先は、自信が高いのはむしろ対人的に望ましくない態度につながる。自分の意見を主張して口論になったり、自分のことばかり話したり、尊大にふるまったりするからだ。

第5章のまとめ

○人間関係は社会の基盤であるが、たいていの人は、他人の社交スキルも、自分の社交スキルも正しく評価することができない。

○社交スキルに自信があることと、社交スキルが高いことは違う。社交スキルに対する自己評価（自信）と、他者からの評価の間に、相関関係は認められない。むしろ自信がありすぎると、かえって人から嫌われることになる。

○社交スキルに対する自信は、自己プレゼン戦略として利用することができる。自信の高い自分を演出するという戦略もあれば、自信の低い自分を演出するという戦略もある。低い自信を演出するほうが、たいていはいい結果につながる。なぜなら、周りからの期待値が下がるからであり、また自分自身も、自分のパフォーマンスについて現実的な予測ができるからだ。そして予測以上の結果が出せれば自分も嬉しい。また自信が低いと、「傲慢」「自信満々」といった印象を与えない（どちらも社会的に望ましくない態度だ）。

○人間関係や人との交流は、「認められたい」という気持ちが根底にある。自分に自信がなく、拒絶を恐れているような場合は特にそうだ。しかし、自信の低さは能力の低さを教えてくれるサインだと思えば、理想の社交スキルを身につけることを目指してさらに努力するだろう。

○社交スキルに対する自信が低いことや、社交不安でさえも、社交スキルを向上させる原動力になる。カギとなるのは次の三つの要素だ。
——悲観的な現実主義：他者からのフィードバックをヒントに自分の社交スキルを正しく評価し、弱点克服に向けて努力できる能力。

——自意識：社交スキルに対する自信が低いと、自分の言動を注意深く監視する。他人からの評価を気にかけていれば、自分の欠点に気づき、改善することができる。

――準備：社交不安が原動力となり、望ましくない結果を避けるために自分を向上させようとする。失敗を恐れているほうが、入念に準備し、いいパフォーマンスができる。

○社交スキルに対する自信の低さは、幼い子供のころからすでに決まっている。原因は、遺伝的要素と、幼児体験の両方だ。しかし、どんな恐怖心であっても、それは悪いものではない――恐怖をモチベーションにして、目標達成のために努力できるからだ。

社交能力を向上させるには、人の心を読む（人が求めているのは、愛、成功、知識だと知っておく）、理想の自分を演出する（「こう見てもらいたい」自分が本当の自分だと周りに思わせる。ただし、自分の欠点にとらわれすぎないように注意）、他人に影響を与える（相手を認める、相手に興味を持つ、相手とうまくやる。この三点を意識して行う）という三つの要素が必要だ。

第6章

自信がない人は健康で長生き

もっとも愚かな行為とは、何か他の楽しみのために健康を犠牲にすることだ。

――アルトゥル・ショーペンハウアー（ドイツの哲学者　一七八八～一八六〇）

健康はあなたの手の中にある

健康になりたいと思っている人、特に深刻な健康問題を抱えている人は、「自分は健康だ」という自信をつけることではなく、実力をつけることを目標にしなければならない。とはいえ、そもそも「健康の実力」とはいったい何を意味するのだろうか？

医者に言わせれば、健康の実力とは、病気や障害がない状態のことだろう。しかし、慢性的な病気や重い障害を抱えながら、幸せな人生を送っている人はたくさんいる［注1］。さらに、人間の寿命はどんどん延びていて、かつては致命的だった病気ともうまく付き合えるようになってきた。そこからわかるのは、身体的な病気は、全体的な幸福感を脅かす存在ではないということだ。病気があっても、人生全般に満足することはできる。

その一方で、いわゆる「主観的な健康」という概念も存在する。自分の健康状態についてどう感じるか、ということだ。この主観的な健康と客観的な健康の間には、大きな食い違いが存在する。

たとえば、ウィリアム・ストローブリッジ博士と同僚たちの定義によると、年配の人は、健康状態が悪い、認知力の低下が見られる、または社会に積極的に参加していないという状態の場合、「不健康」に分類される[注2]。この厳しい基準に従うと(三つの条件をすべてクリアしていないと健康と認められない)、博士のチームが調査の対象に選んだ人たちのうち、実に81%が不健康に分類されることになる。しかし実際は、50%以上の人が、自分は健康だと思っていた。

つまり、自分が考える健康度と、客観的な健康度が重なる部分はごく小さいということだ。健康に自信があることは、健康の実力があることとは違うのである。

健康心理学の第一人者であるマーガレット・カーンとハワード・フリードマンによると、健康という概念には、主観的な部分がかなり含まれるという。筋肉の痛みや、ちょっとした吐き気などで医者にかかる人もいれば、これくらいは普通のことだと思って放っておく人もいる[注3]。そもそも、人間にとっておいしいもの、いい気分になるものは、たいてい健康に悪い。砂糖、アルコール、カフェイン、脂っこい食事、週末ずっとカウチポテトですごす――どれもみな、健康的な食事や活動よりも、おいしいし楽しいだろう。

多くの心理学者は、健康はIQテストのようなものだと考えている。その考えは、ある意味で正しい。健康になるには、ある特定の問題を解き、ある特定のタスクを実施し、ある種の活動を避けなければならないからだ。

たとえば、健康になるには、食べ物の知識が必要であり、運動の大切さも知っていなければならない。また、身体的な症状を正しく解釈し、必要な措置を取ることも求められる。さらには、ある種の行動は健康に害があるという知識も必要だ。ときには、情報が当てにならないこともあるだろうし、そもそも手に入らないこともあるだろう――たとえば、喫煙の害が解明されるまでには数十年もかかっている。また有名なダイエット法は、たいてい賛否両論だ。

とはいえ、どんな時代であっても、やはり手に入る健康知識を活用している人のほうが、そうでない人よりも健康状態はいい。つまり知識のある人は、具体的な健康問題を解決し、健康状態を維持、または向上させられるということだ。最新の健康情報を知るには、さまざまなウェブサイトを参照するという方法がある。または、定期的にかかりつけの病院へ行って検査を受け、最新の情報をもとに健康的な生活のアドバイスをもらってもいいだろう。

以上のように考えれば、健康もやはり能力の一種だということがわかる。健康であるというだけでなく、健康を手に入れ、維持していく能力も求められるのだ。健康情報に人よりも詳しい人は、やはり健康状態も人よりいい。実際のところ、健康能力を高めるということは、健康IQを高めるということでもある。だから、いろいろな本を読み、学び、専門家の意見を聞こう。たまにはいつもと違うことをしてみるのもいいかもしれない――新しい運動や、新しい食習慣を試し、自分に合ったものを見つけよう。

健康能力とは、世の中に出回っている情報や知識を手に入れ、自分にとって最善の方法で活用することだ。そのためには、かなりの労力が必要かもしれない。実験や試行錯誤をくり返すことにもなるだろう。しかし、どんな分野であっても、いちばん能力の高い人は、いちばん努力した人だ。たとえば、健康意識の高い人は、食生活に気を配り、摂取する脂肪、カロリー、炭水化物の量をチェックし、定期的に運動もしている。それに自制心が強く、暴飲暴食、喫煙、カフェイン摂取など、不健康な習慣はきっぱりと拒絶している。

まとめると、健康になる秘密の方法など存在しないということだ。これは技術というよりも科学の問題であり、どんな人でも健康状態を向上させることができる。健康な人と不健康な人を分けるのは、実践するかどうかということだけだ。

それでは、ここで自信はどんな役割を演じているのだろうか？

世間では、前向きな気持ちは健康につながると信じられているが、この説を裏付ける科学的な証拠は、楽観的な人のほうが困難を乗り越える能力がほんの少し高いということだけだ

［注4］。たとえば、調査によると、楽観的な人は手術からの回復が早く、病気にかかる率や死亡率も低いという［注5］。しかしこういった調査は、調査の時点より前の健康状態を考慮していない。それに、楽観主義が健康にいい影響を与えることについては、たいした証拠が存在しないのだ［注6］。

マーガレット・カーン博士とハワード・フリードマン博士は、このテーマに関する研究を詳細に見直した結果、前向きな性格が病気を治すという証拠はまったく存在しなかったと言っている――前向きな性格が腫瘍を小さくしたり、血管の詰まりを取り除いたりすることはないということだ［注7］。実際のところ、目標に固執する人よりも、そうでない人のほうが、適応力は高くなることが多い。その主な理由は、頑張れば何でも達成できるというわけではなく、また目指したことのすべてが達成されるべきでもないからだ（この点についてはまた後で詳しく見ていこう）。

どんな分野でも同じことだが、健康という分野でも、自信と実力の間に明確な相関関係はほとんど存在しない。自信があるほど健康になるという「常識」は、やはり疑わしいようだ。自信の高さが健康につながる因果関係を思わせるような事実は、ほとんど見つからない。そもそも健康に自信がないのは、実際に健康に問題が生じているからだ。そして健康に自信があるのも同じことで、実際に健康だからにすぎない。

また、たいていの人は、自分の健康状態を正しく評価することができない（特に、自分は健康だと思っている人ほど、自己評価は間違っている)。さらに言えば、数多くの科学的な研究によると、健康に自信があることは、かえって健康の害になる。健康に悪いことが証明されている行動――飲酒、食べすぎ、喫煙、ドラッグ摂取――がここまで蔓延しているのも、自分は大丈夫だと思う人が多いからだろう。そして、大丈夫だと思う根拠は、高すぎる自信である。

この章で何か一つ覚えておくとしたら、むしろ自信はないほうが健康になるという知識にしてもらいたい。健康にとって「いい自信」があるとすれば、それは実際に健康になったことから生まれる自信だけだ。しかし、勝手な思い込みで自信が高い状態なら(悲しいことに、こちらのほうが一般的だ)、健康にとって大きな害になる。

自信は不健康につながる

自信のマイナス面を知りたかったら、健康に与える害を見るのがいちばんだろう。ここで注意したいのは、自信の高さと楽観的な性格は違うということだ。健康に関して自信があるというのは、自分の健康状態に安心していて、自分は病気にならないと信じている状態だ。この問題に関しては何百もの研究があるが、自信が健康に与える害については、次の三点に集約されるだろう。

●根拠もなく自分は大丈夫だと信じること。リスクの高い行動を頻繁に取ることにつながる。

●現実から目を背ける、または自分の状態を正確に把握できないこと。ポジティブな自己イメージを維持しようという気持ちが強すぎる結果だ。

●悪い結果が出ても、偽の希望を持ち続けること。健康に悪い行動を続ける結果になる。

次に、それぞれについて詳しく見ていこう。

(1)自信が高いとリスクを取ることが増える

自信が高いことは、実際に健康に害を与えるのだろうか？　もちろんそうだ。オーストリアのグラーツ大学の心理学者、ペーター・フィッシャーは、喫煙など健康に害のある習慣、一般道でのレースといった危険な運転など、リスクの高い行動について研究している。フィッシャーによると、自信が高いとリスクを認知する能力が損なわれ、自分は大丈夫だという幻想を抱くようになるという。アメリカという一つの国だけを見ても、子供と若者の怪我による死亡は、リスクの高い行動がいちばんの原因になっている［注8］。次に、かなりショッキングな数字を紹介しよう。これはすべて高すぎる自信が招いた結果だ。

●アルコール摂取、スピード違反、ドラッグ摂取といったリスクの高い行為により、多くの交通事故が起こっている。全世界で見ると、十歳から二十四歳までの死因の上位10％は、そういった交通事故が占めている。アメリカだけでも、二十一歳以下のおよそ五〇〇〇人が、毎年飲酒運転などの危険な運転で死亡している［注9］。

●アメリカでは、二〇〇〇年に新しく性感染症にかかった人はおよそ一八九〇万人になる。その48％が十五歳から二十四歳であり、リスクの高い性行為が原因だ。

●欧米では、喫煙、過度な飲酒といった健康にリスクのある行動が年々増えてきている。たとえばドイツでは、二〇〇二年から二〇〇九年にかけて、過度なアルコール摂取で治療を受けた十五歳から十九歳の数が二倍になった。

なぜ自信があるほどリスクの高い行動を取ることになるのか。その主な理由は、恐怖を感じなくなることだ。人は自信があると、悪い結果になる可能性は低いと考える。または、その可能性を完全に排除することすらある。そして、現に存在するリスクや脅威を無視してしまうのだ。

リスクに対する人の態度は、「極端なリスク回避」から「極端なリスク行動」まで幅があり、自分がどのあたりになるかは自信のレベルによって決まってくる。恐怖、脅威、不安、注意などは、すべて自信にとって邪魔者だ。自信はいつも、無謀な冒険や大興奮、危険を求めている。

ここで、喫煙を例に考えてみよう。喫煙は今の時点でも、他の不健康な行動をすべて合わせたより死亡リスクが高い［注10］。喫煙者たちは、タバコを吸うと気が大きくなる（つまりリラックスできるということ）と言うが、そもそも危険を顧みない人だからタバコを吸いはじめたのだろう。

人がタバコを吸うのは、「自信のありそうな自分」を社交の場面で演出するためだ。自信レベルが上がると、喫煙に伴うリスクが気にならなくなり、さらにはやめたくなったらいつでもやめられると思い込むようになる。逆に内向的な人は、外向的な人ほど自信が高くないので、喫煙率も低い［注11］。それに、たとえ吸っていても、外向的な人よりも簡単に禁煙できる［注12］。

自信が高いと、危険な実験に手を出したくなる。対象はタバコだけでなく、もっと体に害のあるアルコールや違法ドラッグにまで及んでいる。イギリスの心理学者、ニック・エムラーは、自尊感情がもたらすネガティブな影響について広範な調査を行った（自尊感情は自信のレベルを測るもっとも一般的な基準だ）。その結果、自尊感情の高さは、身体的なリスクのある行動につながるということがわかった。

自尊感情の高い人は、人生への満足度が他と比べて高いにもかかわらず、アルコールやドラッグに手を出す人が多い傾向がある。その理由は自信の高さからくるリスク行動だ［注13］。たとえば、大学生を対象にした調査によると、自尊感情の高い学生ほど飲酒が好きだという結果になっている［注14］。

自信が健康に悪いという例は、極端なリスク行動だけにとどまらない。たいていの人は自分の能力を過大評価しているので、健康に関しても、なぜか自分だけは大丈夫だと思い込んでいる。特に深刻な病気にかかる率は、実際よりもかなり低く見積もる傾向がある［注15］。しかし皮肉なことに、健康に自信があるほど、健康を害する結果になるのだ。この種の逆説は、自己充足的予言の反対の意味で「自己破壊的予言」と呼ばれる。

ここで、健康状態が同じくらいの二人の人間が、占い師に寿命を占ってもらうというシナリオを例に考えてみよう。一人は、次から次へと健康問題に襲われ、若くして死ぬと告げられる。そしてもう一人は、大きな病気もせず長生きすると告げられる。この予言を受けて、二人とも自分の生活習慣を変える決心をする――一人は早死にを避けるために、そしてもう一人は、長い人生を思いっきり楽しむために。その結果、早死にすると告げられたほうは健康になり、長生きすると告げられたほうは、健康に害のある行動に走るようになった。そして最終的に、早死にすると告げられたほうが、長生きすると告げられたほうより長生きした――どちらの予言も間違っていたということだ。

悲しいことに、たいていの人は、占いで長生きすると告げられた人のような生き方を選んでいる。たとえば、性格と寿命の関係を調べた有名な研究がある。十一歳の子供を一五〇〇人集めて性格診断テストを行い、それから七十年にわたって健康状態の追跡調査を行ったのだ。そしてハワード・フリードマン博士と同僚たちが、調査のデータを詳細に分析したところ、どんな年齢であっても、楽観的で自信があると診断された子供は、悲観的で自信がないと診断された子供より、死亡リスクが高いことがわかった。楽観的で自信があると、健康リスクの高い行動に走りやすいからだ。

フリードマン博士はこの結果を受けて、長生きする性格は思慮深さと粘り強さの組み合わせだと言っている。この調査結果をまとめた著書の『長寿と性格』（清流出版）から引用すると、「長寿ともっとも関係性の深い子供時代の性格は誠実性だ」（訳注：性格を決める主な五つの因子のことを「ビッグ・ファイブ」と呼び、「誠実性」はその因子の一つになる。真面目で注意深く、勤勉な性格のこと）とのことだ[注16]。

ここで、人気テレビシリーズ「ジャッカス」に出演していたライアン・ダンを例に考えてみよう。「ジャッカス」は、大の大人が危険ないたずらを大まじめにやり、それを楽しむという番組だ。二〇一一年、ライアン・ダンはスピード違反による自動車事故で死亡した。三十四歳だった。ダンの人生は、極端なリスク行動に走る人の典型だ。おそらく、飲酒運転でスピード違反をしても、自分なら大丈夫だという根拠のない自信があったのだろう。しかし悲しいことに、結局は早すぎる死につながってしまった。

フリードマン博士の研究の他にも、性格と寿命について調べた大規模な研究が存在する。一一〇〇人以上を対象に、自尊感情のレベルと、その後の性行動について調べたのだ。対象者が三歳から二十一歳になるまで追跡調査し、膨大なデータが保存されている。その研究によると、十一歳の時点で自尊感情の高かった女性は、そうでない女性に比べ、十五歳までに性体験を持つ率がかなり高かった。早い性体験と関係のある行動や態度のうち、社会的に望ましいとされているものは、この自尊感情の高さだけだった。それ以外は、学校で問題を抱える、喫煙など、すべて社会的に望ましくないものだった[注17]。

その理由は簡単だ。自信の高い女性は、その自信の高さゆえに、早すぎる性体験に伴うリスクを無視している。また、他の調査でも、自信の高い女性ほど妊娠のリスクを無視し、それにたとえリスクがあるという説明を受けても、自分だけは大丈夫だと確信していることがわかった[注18]。

ＭＴＶの「十六歳での妊娠」というテレビシリーズを見たことがあるだろうか。出演している若い女性たちは、みな避妊はしなかったと言っている。「まさか妊娠するわけがない」と思っていたからだ。ある調査によると、性的に活発な女性は、性的に不活発な女性よりも、自分が妊娠すると考えない傾向があるという[注19]。この一見すると矛盾した現象も、自信とリスク行動の関係で考えれば理解できるだろう。

(2)自信が高いと自分は健康だと勘違いする

自信の高さがもたらす健康への害の二つ目は「現実逃避」だ。これによって、健康ではないのに健康だと思い込み、病気の兆候を無視したり、病院に行かなかったり、生活習慣を改めなかったりする。「脅し」を使った健康キャンペーンに効果がないのも、現実逃避が理由の一つだ。たとえば、タバコの害については盛んに宣伝されていて、「喫煙は肺ガンの原因になります」とパッケージにはっきり書かれているが、当の喫煙者は、自分に向けたメッセージだとはほとんど思わない。

タバコを吸う人、ドラッグを摂取する人、飲酒をする人――彼らの何人が、自分は依存症であると認めるだろうか。答えは「ほとんどいない」だ。その理由は明らかだろう。依存症を認めると、自分がバカになったように感じるからだ。自分にとって害になるとわかっているのにやめないのだから、愚かとしか言いようがない。それが嫌なので、他の言い訳を探すことになる。タバコ、お酒、ドラッグをやめたくないのなら、自分は大丈夫だと思い込むしかない。著名な物理学者のリチャード・ファインマンは、「自分をだますのがいちばん簡単だ」という有名な言葉を残している。

自分をだますことのいちばん大きな問題は、たとえ自分では正直になりたいと思っていても、本当のことが言えなくなってしまうことだ。自分をだましている人は、本当のことを言っているわけではないが、かといって嘘をついているわけでもない。自分では本当のことだと思っているからだ。「現実逃避はしていないよ」と言う人は、たいてい現実逃避しているのだが、自分ではそれがわかっていない。それが現実逃避の主な特徴だ。

自分をだまして不健康な習慣を続けることは、心理学用語で「認知的不協和」と呼ばれている。意外に思うかもしれないが、人間は合理的な生き物であり、自分の信念と行動の間に整合性を求めている。そして整合性が損なわれると、何かがおかしいと感じ、混乱し、イライラする――これが認知的不協和だ。この認知的不協和のおかげで、自分の言動に矛盾があると気づくことができる。そして矛盾に気づくと、整合性を取り戻すために、現実のほうをゆがめるのである。

皮肉なことに、人間は合理的であろうとするあまり、結局は非合理的なことをしてしまうのだ。たとえば、喫煙者がタバコの害を認めてしまったら、タバコを吸うたびに自分がバカになったように感じるだろう。お酒を飲むたびに自分は依存症だと自覚する場合も同じだ。

著名な社会心理学者で、五十年前にアメリカでもっとも早く認知的不協和の研究を行ったレオン・フェスティンガーによると、喫煙という行為と、喫煙は害になるという知識は矛盾するので、喫煙者はこの非合理な状態の気持ち悪さを解消するために、喫煙に対する思い込みを変えようとする（そして吸い続ける）。当然のことだが、タバコの本数が増えるほど、喫煙は害になるという事実を否定する気持ちも強くなる[注20]。現実逃避は、依存症を続けるための燃料になるのだ。

認知的不協和は、喫煙などの健康に害のある行動だけの問題ではない。実は私たちの誰もが経験している。たとえば、それまで仲がよかった人でも、重大な価値観の違いに気づき疎遠になることがあるだろう。または、高価な食事はおいしく感じたり、長く過酷な旅行ほど価値があると思ったりするのも、その根底に認知的不協和がある。

事実を直視するのはつらく、自尊心も傷つくことになる。人が認知的不協和を避けるのは、ポジティブな自己イメージを保ちたいからだ。そのためには、現実をゆがめることさえいとわない――これは、心理学全体で見ても、もっとも説得力のある発見だと言えるだろう。

心理学者のジャック・ブレームは、認知的不協和が提唱されてまだ間もないころ、ある実験を行った。参加者を募り、自宅の家電に関するアンケートを行ったのだ。冷蔵庫、洗濯機、オーブンなどについて、どれくらい好きか尋ねる。そして点数をつけ終わると、今度は家電を一つただであげるので、どれがいいか選んでほしいと言う。ただし条件があり、同じ点数をつけた家電のうちの一つしか選べない。選び終わってからまた点数をつけてもらったところ、選んだ家電の点数が最初よりも上昇していた。認知的不協和の理論の通りの結果だ[注21]。認知的不協和を解消するのはポジティブな自己イメージを保つためなのだから、自信の高い人ほど不協和を嫌がるはずだ。心理学者のハート・ブラントンと同僚たちは、この仮説を見事に証明する実験をいくつか行った。

最初の実験では、参加者は目隠しをして、コカ・コーラとペプシコーラの違いを当てる。参加者は事前に、コークとペプシのどちらが好きか申告しておく。コーラが好きな人は、たいていコーク派とペプシ派にはっきり分かれ、自分は味の違いがわかると自負している。しかし、この本の読者ならすでに予想はついているだろうが、できると思うこと（自信）と、実際にできること（実力）の間には大きな隔たりがある。

この実験でも結果は同じだった。参加者は、違いを識別する自分の能力を過大評価している。特にはっきりした好みがある人ほどこの傾向が強かった。味の違いを判別する能力に自信がある人ほど、認知的不協和を排除するために、わざと自信満々で答える。たとえ間違っているときでもそうだった。

ブラントン博士の研究チームはこう言っている――「自分の考える好みと、判断するときの自信の間にある関連性は、自分を守るという動機で説明できるだろう。好みがはっきりするほど、自分の判断を信じる気持ちも強くなる」[注22]。このように、自分は知識がある、自分は特別だと考える参加者ほど、自分の能力のなさに気づいていない。有能でありたいと強く願うあまり、間違いが認められなくなっている。その結果、自分にも嘘をつき、自信のあるふりをしてしまうのだ。

ブラントン博士のチームは、最初の実験の結果を再現するために、今度はもっと真剣な場面を使って実験を行った――それは大学の試験だ。ポジティブな自己イメージを保ちたいという気持ちが強い学生は、認知的不協和を避けるために、試験の結果について現実離れした予想をするのだろうか?

博士らは試験の前に学生を集め、この試験が自分にとってどれくらい重要かというアンケートを行った。そして試験の後には、試験がどれくらいできたと思うか尋ねた。ただし、ランダムに選んだ学生のグループには、もし試験の点数が悪かったら成績には反映させないと告げていた。それ以外の学生は何も言われていないので、点数が悪ければそのまま成績に響くと思っている。

実験の結果は、ブラントン博士と同僚たちの予想通りだった。試験を重視している学生ほど、試験のできに自信を持っていた。実際の点数を知らされても、やはり自信は高いままだった。しかし、点数が悪ければ成績に反映されないと言われていた学生の場合は、試験を重視する度合いと、試験のできに対する自信の間に目立った関係性は認められなかった。

これらの調査の結果からわかるのは、人は認知的不協和を経験したくないあまり、無意識のうちに「自信を高める」という戦略を選んでいるということだ。だから自信の高い人は、たとえリスクについて情報を与えられても、リスクの高い行動をやめようとしないのだ。自分は健康だという自信と、実は健康ではないという現実の間でせめぎ合っている状態だ。

自信の高い状態でいると、現実を見る目が曇るだけでなく、健康に害のある行動を続けることにもなる。たとえば、喫煙者を例に考えてみよう。その人物は、喫煙の害について明確な情報を与えられるとやはり不安になるが、それもほんの一瞬だ。すぐに情報を無視して、「心配することなんて何もない。自分は大丈夫だ」と自分に言い聞かせる。そしてもちろん、禁煙することもないだろう。つまり、自信は精神の盾のような役割を果たし、現実を見えなくしているのだ。そのおかげで、明らかに健康を害することをしていても、罪悪感を持たずにすんでいる。

ジェームズ・ジャカード、トーニャ・ドッジ、ヴィンセント・ギラモ＝ラモスは、思春期の子供を対象に、自信と危険な性行動の関係について長期的な調査を行った[注23]。その調査によると、避妊の知識に自信のある子供ほど、その後に妊娠する確率が高くなる。

ここでは二つの理由が考えられる。一つは、自信（知識があると思っていること）と実力（実際の知識）との間につながりがあまりないということ。もう一つは、知識があるという自信のせいで、セックスをしてもネガティブな結果を招くことはないと思い込んでいることだ。言い換えると、自分は有能だと思いたいがために、知識があると自分に嘘をつき、その結果としてリスクにさらされる確率が最大化している。

先に登場したブラントン博士らのチームもこう言っている――「正確な知識を持つことには、見返りがたくさんある。中でも特に役に立つ見返りは、予測能力、コントロール力、社会適応力が増すことだろう。そのため、知識の正しさに自信があるという状態だけでも安心感につながり、日常的な決断でも、重大な決断でも、安心して下すことができる。しかし残念ながら、そういった自信はたいてい正確な知識の裏付けがない」[注24]。

また、心理学者のバウマイスター博士はこう言っている――「(自信が高い人は)自分の弱さを過小評価する傾向がある。彼らはあらゆる認知的な戦略を用いて、自分に悪いことは起こらないと信じ込み、その信念に反する情報はすべて無視する。そうやって、危険な行動が引き起こすかもしれない悪い結果から、自分を遠ざけるのである」[注25]。

フランスの哲学者のヴォルテールは、こんな有名な言葉を残している――「疑いを持つのは気分のいいものではない。しかし疑いを持たないのはきわめて愚かな行為だ」[注26]。

以上のことからわかるのは、現実を無視した自信は自分を守る戦略だということだ。この戦略があれば、自分は思っているほど有能ではないという事実から目を背けていられる。自信が高いと、自分の健康状態を過信し、リスクを顧みなくなる。

人間の意志力には限りがあり、すべての目標(その中には健康に関する目標も含まれる)を追求できるわけではないということを考えると、高い自己イメージを保つために意志力を使うのはまったくの無駄だということがわかる。そうやって無駄遣いした結果、他の目標のために使う意志力がなくなってしまうのだ。

心理学では、この状態を「自我消耗」と呼んでいる。自分を高める（実力をつける）ために意志の力が必要なのに、高い自己イメージを保つ（自信を高める）という無駄なことのために使ってしまっているのだ。自信の高い人が批判されると、より攻撃的になって必死で自己弁護するのもそのためだ[注27]。また、脅威を感じたときに、より頑固になって高い自己イメージを保持しようとするのもそのためだ[注28]。

逆に、自分の弱点を認めることができる人は、批判を受けても攻撃的にならず（そもそも批判の内容はすでに自覚しているからだ）、素直に努力して自分を高めることができる。自分の健康状態が思わしくなく、それを自覚しているなら、そこで目指すのは健康状態の改善だ。しかし、ただ自分は健康だと思いたいだけなら、耳に心地いい言葉しか聞きたくないだろう。高い自己イメージを保つことだけを考え、実際の健康状態からは目を背けるのだ。

自信の高さが健康に大きな害を与える例をいくつか紹介しよう。

●自信がある人は、自分は実際よりも健康的な生活を送っていると考える傾向がある。たとえば、楽観的な人は、実際はまったく体重が減っていなくても、自分は簡単に痩せられると信じている[注29]。

●自信の高い喫煙者は、自信の低い喫煙者に比べ、喫煙の害に関する情報を知るのを嫌がる。なぜなら、自分がバカなことをしているという事実を受け入れられないからだ［注30］。

●自信の高い十代の子供は、飲酒の習慣を両親に許してもらえると思っているが、自信の低い十代の子供は許してもらえないとわかっている［注31］。

●自信の高い大学生は、自信の低い大学生に比べ、過度の飲酒、喫煙、睡眠不足、複数の性交渉のパートナーを持つなど、リスクの高い行動を取る可能性が高い［注32］。

まとめると、自信家は現実から目を背け、自分に都合のいいことしか信じないので、健康にとっては害になるということだ。彼らは飲酒、ドラッグ摂取、危険なセックスを行う傾向が強く、特に根拠もないのに自分の健康状態はよくなると思い込んでいる。

(3)自信が高いと偽の希望を抱く

自信が健康に害を与えるという現象は、自己評価が高すぎる人や、現実を見ない楽観的な人だけに限られているわけではない。残念ながら、一般的な健康問題に関しては、自信が高すぎるのがむしろ普通の状態だ。貧しい国の人々が病気になったり、若くして亡くなったりするのはリソース不足が原因だが、豊かな国の人々は、現実を直視しないことが健康問題の主な原因になっている。

何らかの依存症で、自分に問題があることを認めようとしない人は、たいていこの「現実を直視しない」という状態にある。その意味で、依存症の人は、自信過剰の人と同じような精神状態にあると言っていいだろう。依存症を克服するのはたしかに難しいが、その難しさを認めたほうが、むしろ克服する可能性は高くなるのだ。というよりも、そもそも依存するようなことになっていなかったかもしれない。つまり、自信の低さは能力の高さにつながるということだ。

次にあげた事実について考えてみよう。

- 人はたいてい、健康面の目標を達成できる確率を過大評価し、目標の難しさは過小評価する[注33]。
- たいていのダイエットは、せいぜいで短期の成功しか達成できない[注34]。
- アルコール依存治療プログラムを終えた人は、将来に対して極度に楽観的で、すぐにまた飲酒を始める傾向がある[注35]。たとえば、治療を受けたアルコール依存症患者の90%は、治療を終えてから三カ月で少なくとも一杯は飲み、二人に一人は十二カ月以内に治療を受ける前の飲酒量に戻る[注36]。

●喫煙者は、禁煙の難しさを過小評価する傾向がある。思春期の子供の50%は「何年か吸ってみてやめればいい」と思っていて、大人もだいたい同じ傾向だ[注37]。しかし現実は、そんなに簡単にはやめられない。禁煙に挑戦した人のうち、半年から一年吸わずにいられるのはわずか10%だ[注38]。たとえば、一九八〇年代に禁煙したアメリカ人は三〇〇〇万人になるが、そのうちの80%が一年たたないうちにまた吸いはじめている[注39]。禁煙と並行して、他の健康目標(ダイエット、禁酒など)も達成できると思っている人は、失敗する確率がさらに高くなる[注40]。

●依存症の克服、生活習慣の改善などに成功した少数の人も、五回目の挑戦でやっと成功している[注41]。

●たいていの人が、ある特定の健康問題を解決することに過大な期待を寄せている。それを達成すれば、人生が大きく変わるはずだと信じている。そして期待が大きすぎるために、たとえ目標を達成しても失望を味わうことになる。たとえば、ダイエットをする人の多くは、痩せさえすれば違う人間になれると信じているところがある[注42]。そのため、ダイエットに成功した人は、現実をゆがめ、過大な期待に合わせようとするのだ。たとえば運動を始めた人は、以前に比べて背が高くなったと信じるようになったりする[注43]。

健康問題を改善しようとしても、たいていの人は失敗することになる。その成功率の低さを見れば、改善できると信じることがどんなに非現実的かがわかるだろう。著名な健康心理学者のジャネット・ポリヴィーは、この現象を「偽りの希望シンドローム」と呼んでいる。以前に何度も挑戦して失敗しているのに、まだ自分は成功できると信じている状態のことだ[注44]。

だからといって、健康状態を改善するのは不可能だということではない。ただ、成功率は低いということを認識したほうがむしろ成功率は高くなり、また成功できると自信がある人ほど、失敗する確率が高くなるということは、覚えておいたほうがいいだろう。

ポリヴィー博士によると、人は変化を起こそうとすると、最初に難しい目標（ときには達成できない目標）を掲げてしまう傾向がある。望ましくない（しかし楽しい）行動を、完全にやめようとするのだ。結局は失敗するのだが、それでも「どこかでやり方を変えれば達成できる」と信じている。極端なダイエットに挑戦する人などは、この典型と言えるだろう。

最初にもっと現実的な目標を設定していれば、いい結果につながったかもしれない。

しかしポリヴィー博士によると、現実的な目標は、「個人的な目標」とは相容れないという。たとえばダイエットの場合、現実的な目標では、減らす体重が少なすぎたり、目標達成までに時間がかかりすぎたりしてしまう。これでは、大幅に減量して人生を変えるという夢が実現できない。ダイエットの広告は、たいてい大幅な減量を約束している。しかし、目標が大きすぎるからこそ、ダイエットに失敗するのだ。だから私たちは、何度も何度もダイエットに挑戦することになる。それがダイエット産業の狙いでもあるのだろう[注45]。

偽りの希望シンドロームから何かを学べるとしたら、それは目標を達成できるという自信がないほうが、実際に健康問題を改善する可能性は高くなるということだ。しかし、そのためには自分に能力がないことを認めなければならないので、たいていの人が現実から目を背けるほうを選ぶのである。

自信がないと健康になれる

自信がありすぎると健康にとっては害になり、場合によっては命の危険もあるが、自信の低さは健康の実力を高める大きな力になる。前に出てきた、不安が進化で果たしてきた役割を覚えているだろうか？　自信のなさは、脅威や危険から私たちを守るために存在しているのだ。不安が極限まで高まると、精神や身体の症状となって現れ、そのおかげでリスクが高すぎる行動を避けることができる。人類の祖先にとっては、不安は命を守るためのシグナルだった。不安というシグナルを受け取ることで、危険を避けて生き残ることができたのだ。

不安のせいで自信がなくなるのは、健康に害のあることをするなというメッセージでもある。それでも健康に害のある行動をやめることができず、特に何度も不安の警告があってもやめられなかったとしても、自分を守る手段はまだ一つ残っている――それはうつ病だ。うつ病には進化上の利点があるという話を覚えているだろうか？　実際のところ、うつ病の真の役割とは、自分の責任を認め、現実を直視し、二度と同じ失望をくり返してはいけないというメッセージを送ることだ。

人類は進化の過程で、難しい現実に対処するために、不安とうつ病を高度な能力として使いこなすようになった。人間の肉体は、熱を出すという形で感染症と闘っている。それと同じように、人間の精神は、不安を感じるという形でストレスに対処し、うつ病という形で過酷な状況（愛する人を失う、大きな失敗をする、など）と折り合いをつけようとしているのだ［注46］。中でもうつ病のいちばん重要な役割は、実現不可能な目標に向かって努力するという無駄な行為を阻止し、偽りの希望を抱かせないことだろう。

気の滅入る話ばかりだと思う人は、おそらく非現実的なポジティブ思考に慣れすぎてしまっている。「何があろうとあきらめるな」「失敗しても関係ない。前向きな姿勢を忘れるな。そうすれば成功できる」といったメッセージばかり聞いているに違いない。

しかし、高すぎる目標のために貴重なエネルギーを無駄遣いせずにすめば、もっと現実的な目標にエネルギーを注ぐことができる。その目標がどれくらい難しいかわかっていれば、達成できなかったとしても、現実逃避することなく失敗したという事実を受け入れられるだろう。あきらめるタイミングを正しく知るのは、もっと努力するべきタイミングを知るのと同じくらい大切なことだ[注47]。

それよりもさらに大切なのは、自分を変えるには、まず現状は自分の責任だと認めなければならないということだろう。たとえそのせいで自分を責めてうつ病になったとしても、責任を自覚することは大切だ。

たとえば調査によると、自分の責任を認めている喫煙者は、禁煙に成功する確率が高くなるという[注48]。ダイエットの場合も、太ったのは自分の責任だと認めている人のほうが成功率は高い[注49]。減量プログラムやトレーナーに頼る人よりも、自力でダイエットする人のほうが成功するのもそのためだろう。カール・ユングの言葉にもあるように、「人間には困難が必要だ。健康のためには困難が欠かせない」ということだ。

自信がないと長生きできる

進化論や生物学の話からいったん離れ、もっと身近な話をしよう。自信の低い人は、専門家のアドバイスを積極的に求めたり、リスクの高い行動を避けたりする。つまり、自信がないと長生きできるということだ。

ハーバード大学のフランチェスカ・ジーノ教授は、ハーバードとペンシルベニア大学の研究者と共同で、自信の低い人ほど他人のアドバイスを求めることを証明する面白い実験を行った[注50]。被験者の一部に、危険なスポーツや悲惨な事故の映像を見せて不安な気持ちにさせ、その後ですべての被験者に意思決定のタスクを与える。すると不安のレベルが高くなっている被験者は、より積極的に他人のアドバイスを求めるという結果になった。

ジーノ教授らはまた、不安が自信に与える影響についても調べている。それによると、不安になった人が意思決定のタスクで他人のアドバイスを求めたのは、自分の判断力に自信が

[注46]（247ページ）うつ病の本来の役割は、ネガティブな出来事を受け入れ、心の中で処理する手段だったのだろう。しかしうつ病には、二度と同じつらい目にあわないように現実を遠ざけるようになるという問題もある。たとえばフロイトは、喪失への反応の仕方を、「普通」と「病的」に分けて考えていた。喪失感で苦しむのは自然な反応であり、一時的に現実を忘れることで愛する人を失ったつらさに対処しようとする。しかしそれがうつ病になると、つらい体験を嫌うあまり現実に戻れなくなるのだ。

なくなったからだという。言い換えると、アドバイスを積極的に求めたのは、単に不安になったからではなく、不安によって自信が低くなったからだということだ。

先にも登場した心理学者のハワード・フリードマンは、この現象を「健康的な神経質」と呼んでいる。フリードマンによると、不安の大きい人は、「幸福感が小さく、心身症の症状が多く、病院に行く頻度も高い。そのおかげで病気にかかることが少なく、結果的に長生きする」という。

フリードマン博士の研究チームは、一五〇〇人の子供を八十歳になるまで追跡調査したデータをもとに、長生きする人の性格的な特徴を分析した。それによると、自信の低い男性は死亡率が低くなるという。つまり自信の低さには、男性にありがちなリスク行動を避ける効果があるということだ。実際、健康と寿命に関しては、男女の違いほどの決定的な要因は他にない。アメリカにおける統計の数字をいくつか紹介しよう［注51］。

●男性より女性のほうが長生きだ。病気にかかる頻度が同じくらいでも、または女性のほうがたくさん病気になっても、やはり女性のほうが長生きだ。

●女性は病院に行く確率が、最低でも50％男性よりも高い。たとえば二〇〇五年、予防のために病院に行った人は、男性は45％、女性は75％だった。

●習慣的に飲酒する人は、男性のほうが女性よりだいたい15％多い。

●過度な飲酒の割合は男女でだいたい同じだが（大人のおよそ5％）、軽度の飲酒は男性が30％であるのに対し女性は7％だ。中度の飲酒になると、男性は22％で女性は4％になる。

●男性のアルコール関連死は、女性の三倍になる。

●喫煙者の男女差は小さくなってきているが、それでもまだ男性のほうが5％ほど多い。また、一度もタバコを吸ったことのない人の数は、女性が男性よりも12％多い。

●人生のある時点で違法ドラッグに手を出す確率は、女性より男性のほうが10％高い。

●娯楽としての薬物（大麻、コカイン、エクスタシーなど）を習慣的に摂取する人の数は、女性より男性のほうがおよそ10％多い。

●太りすぎの人の数は、女性より男性のほうがおよそ10％多い。

アメリカ人の死因トップ一五位のうち、一二の死因で、女性より男性のほうが死亡率が高い。そして男性は、平均して女性よりも五年早く死亡する。男性のほうが早死になのは、リスクの高い行動を取ること、予防行動を取らないことが二大理由であり、その根底には自信の高さがある。ニューヨークにあるマイモニデス医療センターの医師で、先の統計を発表した[注52]ルーベン・ピンカソフはこう言っている。「男性は、他人を頼りにしないこと、体が丈夫であること、感情をコントロールすることを重視し、そのせいで医療のプロにアドバイスを求めることを躊躇する」

これはつまり、女性は自信が低いので、他人のアドバイスを求めてリスクを最小化するということでもある。男性の中には女性より長生きする人もいるが、そういう男性はたいてい自信が低いタイプだ。それと同じ意味で、男性より早死にする女性は、男性と同じように健康リスクの高い行動を取り、予防行動を怠る人が多い。要するに、大切なのは性別ではなく、自信のレベルだということだ。

健康になって自信を手に入れる

ここまで見てきたように、健康も一つの能力だ。そして他の能力と同じように、たいていの人がその中身を正確に理解しているわけではない。自信がある人ほど自分の健康状態を過大に評価する傾向があり、そして自信の低い人ほど現実的で、健康問題を自分の責任として引き受ける傾向がある。この点も他の分野の能力と同じだ。

とはいえ、健康は他の能力に比べて客観的に評価できるために、他者の意見がさらに重要になり（他者は医者でなくてもかまわない）、自信の低さが果たす役割もより大きくなる。あなたはこの本を読んでいるので（しかもここまで読んだので）、おそらく自信を今より低くする必要はないだろう。

しかし、健康面で自信を低くしたいと考えているのなら、まず健康関連の本や記事を読み、それから「健康博士」として知られている知人や友人のところへ行って、今の健康状態を手に入れるためにどんな努力をしたか尋ね、さらに自分の健康状態も評価してもらうといいだろう。一般的に、自分を誰かと比較するなら、自分より優秀な人と比較するべきだ。それで

［注52］ピンカソフの結論は全体像を簡潔にまとめている。男性は女性よりも飲酒の頻度が高い。アルコール摂取はさまざまな深刻な慢性病につながるだけでなく、たとえば自動車事故、火災、スポーツでの事故などの原因にもなる。

自信喪失するかもしれないが、同時にもっと頑張ろうというモチベーションにもなる。目標を高く掲げれば、上に行くしかないのだから。

自分の健康状態を正しく把握したいなら、今が最高のタイミングだ。きっと改善したいところがいくつか見つかるだろう。自分に足りないものを自覚するのが成長の第一歩だ。その自覚をモチベーションに変え、今すぐ目標に向かって歩きだそう。

ここである事例を紹介しよう。私の知る限り、自信の低さが健康状態の改善につながることを証明するのに最高の事例だ。

「ザ・ビゲスト・ルーザー」というリアリティ番組がある。私は二年間、そのイギリス版に、出場者のプロファイリングやコーチングという形で関わっていた。番組を見たことのない人のために説明すると、これは極度に肥満した大人が、八週間の減量プログラムに挑戦するという内容だ。プログラムはかなりハードで、きつい運動と厳格な食事制限を行うことになる[注53]。出場者のほとんどは十年以上も深刻な肥満の状態で、自信や自尊感情は極限まで低くなっている。現に肥満のせいで、恋愛（特にセックス）、社交生活、キャリアといった他の分野でもうまくいっていなかった。そしてもちろん、肥満は健康にも悪影響を与える。多くのケースで、十年以上も寿命が短くなるという。

ここまで悪条件がそろっていても、出場者たちには一つだけ大きなアドバンテージがあった。それは、自分に問題があることを認め、自分の責任だということも認めていたことだ

――これは普通の人にはなかなかできない。たいていの喫煙者は「付き合いで」吸っていると言い訳し、ドラッグ常用者は「娯楽でやっているだけ」と言い訳し、食べすぎで太った人は「代謝が悪いから」太っている、「忙しいから」痩せられないと言い訳する。

それでは、二〇一二年版で優勝したケヴィンの話を聞いてみよう。彼は番組史上、もっとも体重が重かった出場者でもある（番組のオーディションで私が面接したとき、彼の体重は二〇四キロだった）[注54]。

番組に出るまで、私の自信と自尊心のレベルは極限まで下がっていました。いつも自分を責めてばかりで、プライドはずたずたでした。健康のことで自分を責め、外見のことで自分を責める。パートナーへの言葉までが、なぜか自分を責める内容でした。

番組で大幅な減量に成功し、「現実の世界」に戻ってくると、そのときに初めて自分の自信が回復していることに気づきました。毎日自分を誇らしく思い、毎週体重を量るたびに嬉しくなり、小さいサイズの服を着るたびに嬉しくなる。あれはまるで、自信と自尊心の注射をしてもらったみたいでした。ときには昔の自分に戻り、自信を喪失することもあり

[注53] "The Biggest Loser," NBCUniversal, http://www.biggestloser.com/.
[注54] 番組のイギリス版において。

ましたが、そんなときはただ前を向いて胸を張り、自信がある人のように堂々と歩きました。そうすると、すぐに自信は戻ってくるのです[注55]。

ケヴィンの努力は、優勝という形で報われた。四カ月で九〇キロ近い減量に成功したのだ。他のすべての出場者も、ケヴィンとまったく同じ旅を経験した。最初はすっかり自信を喪失していたが、痩せたいという思いがあまりにも強かったので、自信のレベルなんて関係なかった。彼らはみな、大きな目標を達成しようと固く決意していた。そして努力の成果が見えてくると、だんだんと自信もついてきた。そしてもっと頑張ろうという気持ちがさらに大きくなった。彼らの全員が優勝者だ。なぜなら、目標を上回る減量に成功し、自信を回復しただけでなく、健康も取り戻したからだ。

ケヴィンの成功は、この本が言いたいことを体現している。自信のなさは、あなたを守るために存在するのだ。もっと頑張って、本物の実力を手に入れようとするきっかけになってくれる。ほとんどの人は、自信を持つことを最優先にしているために、つらい現実から目を背けている。実力がないのに、あると思い込もうとしている。しかし、ケヴィンや他の出場者たちは、自信がないのはいいことだと教えてくれた。

人は自信がないと、実力をつけるために努力する。そして実力がつくと、本物の自信が手に入る。

逆に、自信がありすぎると能力は低下する。するとますます現実から目を背け、ついに現実を突きつけられたときに自信は崩壊する——もしかしたら、それが成長の第一歩になるかもしれない。

実力がつき、その結果として自信も高まったら、全体的な幸福感や、心身の健康にとってプラスの効果がある。たとえば、定期的な運動を実行するようになれば、心も健康になり、体力もつき、自信も高まる[注56]。運動をすると、健康状態が向上するだけでなく、自己イメージや自信も向上する[注57]。自分の力で手に入れた自信（つまり、本物の実力の裏付けがある自信）は将来の成功につながり、何の根拠もない偽りの自信は将来の失敗につながるのだ[注58]。

[注55] 本人の許可を得て引用。二〇一二年七月。

第6章のまとめ

○健康ＩＱを高める。
――本を読み、勉強し、アドバイスを求める。情報を集め、さまざまな健康的な生活習慣を試してみる。

――健康に関する最新知識を集める。健康雑誌を定期購読する、健康面の目標をリストにする、定期的に健康診断を受ける。新しい健康情報に敏感になる。

――練習が完璧を作る！　健康的な生活習慣を手に入れたいなら、本気で取り組み、かなり努力しなければならない。

○自信過剰は健康の敵。
――プロのアスリートは、めったに自分のパフォーマンスに満足しない。ここでは彼らの態度を見習おう。自信のレベルをつねにチェックし、健康長寿の秘訣は思慮分別と粘り強さだということを忘れずに。

○健康に関しては悲観的になる。

――自分はもうすぐ死ぬ、自分は不健康だと思い込むのが正しいということではない。ただ、健康な人生を送りたいなら、注意を怠ってはいけないということを肝に銘じていればいい。

――健康で長生きしたいと本気で思っているなら、どんな努力が必要だろうか？　どんな理由があれば、今すぐ健康的なライフスタイルに切り替えられるのだろうか？

○自分の健康問題を引き起こしたのは自分であり、問題を解決するのも自分だということを認める。

○自信のなさを大切に！　人は自信がないから頑張れる。健康のために重要な変化を起こすこともできるだろう。

第7章

言うは易く行うは難し？

惨めになる方法はたくさんあるが、心地よくなる方法はたった一つしかない。それは、幸せを追い回すのをやめることだ。幸せにならないと心に決めてしまえば、後は楽しい時間だけがあなたを待っている。

――イーディス・ウォートン（アメリカの小説家　一八六二〜一九三七）

必要なのは、ほんの少しの意志の力（と、自信のなさ）だけ

人生のほぼすべての物事は、実行するよりも口で言うほうが簡単だ。しかし、この本で提案したことは、だいたい簡単に実行できる。何かをガラッと変える必要はまったくない――ただ、今よりも少しだけ現実を敏感に読み取ればいいだけだ。この最後の章では、現実に対

して敏感になる方法を解説するとともに、「自信はないが実力はある」人の世界がどんなものかを見ていこう。

紀元前五〇〇年、ソクラテスは、幸せへのカギは本当の自分を発見することだと言った。しかし、ここ五十年ほどをふり返ると、欧米人（特にアメリカ人）は幸せを追求するあまり、本当の自分を見失っているようだ。私たちは、自分は自信があると思い込もうとしている。自分を実際よりも高く評価していると、たしかに気分はいいかもしれない。しかし、本来の目的を達成していないという現実から目を背け、偽の幸福感で自分を慰めているような社会は、すでに衰退に向かっている。本物の実力を手に入れることを放棄し、成功したふりをすることで、空っぽの自信を手に入れているだけだ。

世の中には、自信を高めるための自己啓発プログラムやコーチングが氾濫している。それらはすべて、社会に蔓延する「いい気分になりたい病」の産物であり、二つの間違った前提の上に成り立っている。一つは自信があれば成功できるという前提で、そしてもう一つは、誰でもその気になれば自信を高めることができるという前提だ。

本書でこれまで見てきたように、高い自信が成功につながるという証拠は一つもない。それに、仮にそうだとしても、そもそも自信のレベルを好き勝手に変えることは不可能だ。ロイ・バウマイスター博士も、自尊感情を高める治療やプログラムの数十年にわたる記録を見直した結果、やはりこの結論に到達した。博士によると、自尊感情を高めるための精神科の治療や、学校のプログラムには、特に効果が見られないという［注1］。

むしろ、何百もの心理学の研究からもわかるように、ネガティブな自己イメージを押し殺すのはかえって害になる。たとえば、嫌な思考や感覚を避けようとすると（心理学用語で「体験の回避」という）、その嫌なものがかえって増幅されてしまうのだ。実際、体験の回避は、本物の嫌な感情や、その嫌な感情を生み出す嫌な体験よりも、精神に大きな害を与える。

ジョージ・メイソン大学のトッド・カシュダンと同僚たちも言っているように、人は誰でも、痛み、苦しみ、パニックなど、嫌な体験をすることになる。それは人間なら当然のことであり、必ずしも問題にはならない。一方で、体験の回避は問題の原因になる。永遠に回避することはできず、生きていればいずれは嫌な体験をしなければならないからだ［注2］。

つまり、思考が問題になるのは、その思考を押し殺そうとするときだけだ。抑圧された思考はいったいどうなるのか、次にいくつか例をあげよう。

●陪審員は、たいてい「事件に関係ないので無視するように」と言われた情報をもとに判断する。弁護士はその習性を逆手に取り、注目してほしい情報をわざと無視しろと言うこともある［注3］。

●人から聞いた話は、たとえ嘘だと言われてもどこかで信じてしまう［注4］。政治家や有名人の悪い噂が流れると、たとえ後から嘘だとわかっても、やはりある程度は評判に傷がつくことになる。

●ギャンブルやお金を使うときの判断は、意図的に無視しているオッズによって左右される。たとえ無視することにお金という報酬を与えられても、完全に無視することはできない[注5]。たとえば、まったく同じ商品に、「定価の半額で一〇〇ドル」というラベルと、「定価の三割引きで七五ドル」というラベルを貼ったら、たいていの人は「半額」につられて一〇〇ドルのほうを買う。

●食べ物のことを極力考えないようにしていると、かえって食べ物のことで頭が占領されてしまう。過激なダイエットをすると、反動で暴飲暴食に走り、むしろ太ってしまうのはそのためだ[注6]。

●手術の予定があるときに、その手術のことをあえて考えないようにしていると、後から手術関連のストレスを感じることになる[注7]。

●トラウマになるような出来事を無理に忘れようとして、嫌な感情や思考を押し殺していると、かえって健康を害する可能性が高くなる［注8］。

●ネガティブな感情を押し殺していると、ポジティブな感情や楽しい感情も体験できなくなる［注9］。

●ネガティブな思考を押し殺すのは、精神的にとても疲れる作業だ。重いソフトウェアがパソコンのメモリーを占領するのに似ているかもしれない［注10］。

●人種的偏見を押し殺し、表に出さないようにしている人は、そうでない人よりもかえって差別的な行動を取る［注11］。

自信のなさを大切に

イヤな思考や感情を押し殺すのはかえって逆効果であり、真の意味で成長するチャンスを失ってしまう。それに現実をゆがめ、間違った自己イメージを持つことにもつながるだろう。

たとえば、自分には価値がないと感じているが、その感情を押し殺していると、自分を変えるために努力することは絶対にない。

そこで自分のイヤな感情と向き合い、今の自分は理想の自分ではなく、自分のことが好きでもないという事実を認めれば、自分を変えることに集中できるだろう。不満は変化の母であり、そして成長するには変化するしかない。

無理に自信があるふりをしても、結局は失敗してやる気を失う。しかし自信のなさを自覚して、パフォーマンスを向上させるために努力すれば、実力がつくだけでなく、本物の自信を手に入れることもできる[注12]。だから、「自信の低さをどうすればいいか」と困っているなら、答えは簡単。

「そのまま大切にする」だ。

本書で見てきたことは、すべて「自信がなくても大丈夫」という言葉に集約される。人は自信の低さを自覚することで、自分に足りない部分や、問題、心配事に気づくことができる。そうやって気づいた部分を改善するために、実際に行動を起こすことができる。

[注12] 自分に次の質問をしてみよう。「自分の自信と実力のどちらかを変えられるとしたら、どちらを変えたいだろう?」。人が自信のなさを心配するのは、それが実力にも悪い影響を与えると考えているからだ(たとえば、「自分には社交不安がある。だから人と話せないんだ」「水が怖いからきっと泳げるようにならないだろう」というように)。つまり、そもそも自信を高めたいと思うのは、そうすれば実力も高まると思っているからであり、大切なのは自信よりも実力だ。

「自信のなさを大切にする」というアドバイスだけでも、世に出回っている自己啓発本の99%より役に立つだろう。人は不安があったほうが成長できる。自信の低さを生かすことができないのは、自分の問題から目を背けている人だけだ。現実を見ない人に希望はなく、そして現実を直視できるあなたは、希望があるだけでなく、自信の低さを能力の高さに変換するチャンスもあるのだ。

自信のなさは、正直な友人だ。正直すぎるのが玉にきずだと思うかもしれないが、いつもあなたのためを思っていることは間違いない。この友人は、あなたの成長を心から願っている。ここでもう一つ大切なことがある——それは、自信の低さを解消するには、本物の実力をつけるしかないということだ。不安や心配を克服したいと思っているなら、効果的な方法はただ一つ。成功することだ。

不安の特効薬は成功だ

フロイトの初期の教え子の一人で、後にはライバルになった心理学者のアルフレッド・アドラーは、野心は不安を克服するための典型的な手段だと言う。アドラーによると、競争心の強い人ほど内心では大きな不安を抱えていて、彼らが人を見下すような態度を取るのは劣等感を隠すためだという。つまり、自信の低さが問題になるのは、不安をきちんと分析せず、自分を向上させるための努力をしないときだけだということだ。

成功者に共通する資質を一つだけあげるとすれば、それは自信のなさを成功によって克服していることだろう。一般的には、成功の秘訣は自信があったからだ、自分を信じていたからだと言われているが、むしろ成功したのは不安のおかげだと言ったほうが正しい。不安がなければそもそも努力もしないだろうし、たいていの人より成功してからも、さらに努力を続けることもないだろう。

こう考えると、成功している人としていない人の違いは、不安に対する態度だけだとも言えるかもしれない。成功している人は自分の不安と正面から向き合い、不安を克服するために努力したのだ。ここで大切なのは、不安を克服するために何をするかということだ。成功者は、偽物の自信を手に入れるために頑張るのではなく、何か大きなことを達成するために頑張った。成功こそが不安の特効薬だということだ。

私は人から自信がありそうに見られることもあるが、それは自信があるふりをしているだけだ。内心は不安だらけで、ただ達成したいことに向かって努力することしか知らない。自信過剰になったことはほとんどなく、いつも自分の不安を利用して、さらに努力するようにしている。自分の専門分野でそれなりのキャリアを築いてきたことは自負しているが、もうゴールに到達してしまったなどと考えたら、きっと絶望的な気分になるだろう。私にとっては、自己満足がいちばん恐ろしい。

　不安は向上心につながり、目標があるおかげで、ただ不安に駆られるのではなく、実際に努力して能力を向上させることができる。その結果、実力に裏打ちされた自信も手に入る。反対に、不安がなくて自信がある状態でいると（欲しいものが簡単に手に入った結果かもしれないし、自分に満足しすぎているだけかもしれない）、向上心は失われ、成長のチャンスも失われる。

　サッカー選手のロビン・ファン・ペルシも、自信のなさを自分の向上のために活用している一人だ。ファン・ペルシはオランダ出身で、イングランド・プレミアリーグのマンチェスター・ユナイテッドに所属している（訳注：その後他クラブに移籍し、二〇一九年に引退）。このクラブでの最初のシーズン、彼は毎週のように見事なゴールを決めていた。そのシーズンにマンチェスター・ユナイテッドが優勝できたのも、ほぼファン・ペルシのおかげと言っていいだろう。しかし、インタビューでその完璧なシーズンについて尋ねられると、彼は決められなかったゴールの話や、自分の失敗の話ばかりした。本人の談によると、自分の成功を楽しんではいるが、それでも弱点は自覚していて、さらに努力が必要なことはよくわかっているという。

　だからこそファン・ペルシは一流選手なのだ。彼は人一倍努力する。いつも新しい目標を設定し、新しい基準を決めている。今の彼は、サッカー人生でいちばん幸せだという。自分の能力を高め、役割を期待以上に果たし、努力の見返りを十分に受け取っている。その結果、成功と幸せの両方を手に入れた。しかもファン・ペルシは、まだ二十代（編集部注：原書発刊当時）だ……。

自信さえあれば、やりたいことは何でもできる——人はそう言われると、努力しようというモチベーションを失ってしまうだろう。誰でも同じだけの能力があり、誰でも同じことを達成できると言われると、自分に対する期待が高くなりすぎ、自分は成功する権利があると勘違いしてしまう。その結果、意志の力は小さくなる。

教育、キャリア、スポーツ、人間関係、健康など、能力によって達成できるものが左右される分野では、生まれつき恵まれている人もいる。たとえば、裕福な家庭に生まれれば、健康と教育の環境は恵まれているだろう。生まれつき見た目がよければ、恋愛で有利だ。生まれつき健康で長生きできる遺伝子を持っている人もいる。こういった生まれつきの資質は、身長と同じようなもので、自分の力ではほとんど変えることができない。

ここで、自信は身長で、パフォーマンスは高く跳び上がることだと考えてみよう。たとえ身長は変えられなくても、努力次第でより高く跳び上がることならできる——そして、生まれつき背の低い人は、高く跳ぶために人一倍努力するだろう。そうやって実力をつけると、今度は背の低さも気にならなくなるのだ。

さらにスポーツの例で考えてみよう。ウサイン・ボルトのように走りたいと思うなら、今すぐトレーニングを始めたほうがいい。毎日トレーニングをして、トレーニング以外のことは一切やらない。それに、ボルトと同じ才能に恵まれているという勘違いもしないほうがいいだろう(まずありえないことだが、たとえ才能は同じだとしても、やはり自分のほうが劣っていると考えていたほうがいい)。なぜなら、自分にもボルトと同じ才能があると信じると、自分の限界に気づかず、トレーニング量も減るからだ。

たいていの人は、何事においても平均的な能力しかない。平均以上になりたかったら、自分は平均だと自覚することが特に役に立つ。向上するには、自分の現状を正しく把握しなければならない。そして自分の問題を自覚することは、前向きな変化を起こすための最大のモチベーションになる。

「ザ・ビゲスト・ルーザー」の出場者たちは、たいてい子供のころから極度の肥満だった。心理学的に見て特に興味深いのは、誰もが最初は極端に自信が低い状態だったということだ。それでも彼らは、毎シーズンテレビに登場し、何百万人もの視聴者の前で本当の自分をさらけ出す。とても難しく、自分の快適空間から完全に離れるような目標を達成するためだ。

彼らを見ていると、意志の力、特に向上したいという強い気持ちがあれば、自信のなさという障害は克服できるということがよくわかる。本気で何かが欲しいなら、本気で努力して手に入れるべきだ。そして、欲しいものが自信であるなら、パフォーマンスを向上させなければならない。まずは成功体験を積み重ねよう。そうすれば、自信は後からついてくる。

本物の実力を手に入れる

たいていの人が、並外れて優れた存在になりたいと思っているが、そのために必要な努力をする人はめったにいない。これはどんな分野の能力であっても同じだ。たとえば、誰もが「痩せたい」「健康になりたい」「お金持ちになりたい」と言うが、そうなるために実際に行動を起こす人はなかなかいないだろう。つまり、そもそもそこまで本気で欲しいわけではないということだ。

世界的な広告代理店、サーチ・アンド・サーチでクリエイティブ・ディレクターをしていたポール・アーデンは、この現象を見事に説明している。彼によると、何かが「欲しい」というのは、ただそれを「持ちたい」だけであって、持つために必要な努力をするつもりはまったくない。しかし現実の世界では、何かが欲しいのなら、それを手に入れるために努力する覚悟も必要になる[注13]。もし本気で欲しいのなら、どんなことをしてでも手に入れるだろう。自信があるかないかなんてどうでもいいはずだ。大切なのは、絶対に実現するという決意だけだ。

この本をここまで読んだということは、あなたはすでに問題の半分を解決している。それは、向上したいという意志の力を持っているということだ。そもそも向上したいという気持ちがなければ、何かを達成することもない。そして意志の力が十分にあれば、たいていの困難は克服できる。あなたはこの本を買い、最後の章まで読み、成功するのに必要なツールも手に入れた——そして意志の力は元から持っている。後はポールポジションからレースを始めるだけだ。

この旅を続けるにあたり、自信の低さを武器として活用してもらいたい。自信が低いおかげで、自分の能力を現実的に評価して、勘違いを避けることができる。ネガティブな出来事に備えることもできるし、失敗を未然に防ぐこともできる。それに、自信が低いと謙虚な人だと思われるので、周りにも好かれるだろう。

たいていの人はこの武器を持っていないということを覚えておこう。自分の弱点については、自覚しすぎるくらいがちょうどいい。弱点を自覚するのはむしろ長所だ。反対に、自分の長所だけ自覚している、または自分は平均より上だと勘違いするのは、いずれ必ず弱点になるだろう。

自信が低い理由は人によっていろいろあるだろうが、とにかく今より向上したいと思っていることは間違いないはずだ——または、せめて自分は実力不足だという意識からは抜け出したいと思っているだろう。だからこそ、自信の低さは強力な武器になる。まずありえないことではあるが、もし仮にこの武器でも実力が向上しなかったとしても、前向きな変化なら起こすことができる。

第1章で紹介した、「自信と実力のサイクル」を覚えているだろうか。自信が高くても、自信が低くても、このサイクルの流れを変えることができる。しかし、自分の利益になるように変えられるのは、自信の低さだけだ。自信がありすぎると、実力を手に入れるための努力を減らす傾向がある(努力を減らす以外にも、何もしないという選択肢もあるが、いずれにせよ向上にはつながらない)。逆に自信が低いと、実力をつけるために、さらに努力を増やそうとする。簡単に言うと、自信がないほど、向上したいという気持ちが強くなるということだ(自信なんてどうでもいいと思っている人は例外だが)。自信のなさを克服したいと思っているなら、もう言い訳している暇はない!

これまで見てきたように、自信の低さは実力をつける原動力になる。自信がないおかげで準備に熱が入るからであり、どんな分野の能力であっても準備は絶対に欠かせないからだ。もし健康に自信がないなら、この場合の準備はもっと健康になることだ。人付き合いに自信がないなら、準備は社交スキルを磨くことだ。キャリアで自信がないなら、準備は自分の雇用可能性を高めることだ。簡単に言うと、つまりそういうことだ。

実力をつける前だけでなく、実力をつけてからも向上したいというモチベーションを保っていれば、無理に自分以外の人間のふりをしたりしなくても、自然な自信を手に入れることができるだろう。

それに、実力がついたのに自信は低いままだとしても、心配はいらない。社会にとってはありがたいことだからだ。根拠のない自信ばかりが幅をきかせるこの世の中で、あなたの謙虚な態度は一服の清涼剤になるだろう。あなたが自信が低いままでいる限り、この地球に少なくとも一人は勘違いしていない人がいるということになる。また、自信満々の人をうらやましく思う必要はまったくない。相手の自信に惑わされず、その人の本当の実力を探り当てることに全力を注いでもらいたい。

謙虚な実力者が見ている世界

現代社会の問題の多くは、自信のレベルのゆがみから生じている。具体的には、自信過剰か、または実力もないのに自信ばかりある状態だ。自信が実力を上回っている人は、いたるところに存在する。いちいち指摘するのもはばかられるが、参考までにいくつか具体例を紹介しよう。

政治家の選挙は、基本的にどれだけ自信があるかという戦いだ——いちばん自信がありそうに見える候補者が、最終的に有権者に選ばれることになる(特にアメリカではその傾向が強い)。その結果、悪循環が生まれる。自信が高いと実力もありそうに見えるために、自信は票を集めるための主要な武器になる。そして票が集まるとさらに自信が高まり、自分は強力だと勘違いしてリスク行動に走るようになり、現実を見失う[注14]。もし、見せかけの自信ではなく、真の実力で選ばれる政治家がもっと増えたら、そして政治家のキャリアで自信よりも実力が評価されるようになったら、とんでもない失敗をする政治家に失望させられることも少なくなるだろう。

政治学者のドミニク・ジョンソンは、『自信過剰と戦争（Overconfidence and War）』というすばらしい著書の中で、ほとんどの戦争は、基本的に政治家の「ポジティブ幻想」から生まれたと言っている[注15]。ポジティブ幻想とは要するに、自分に都合のいい勘違いのことだ。そもそも、勝算もないのに戦争を始める国は存在しないだろう。しかし、すべての戦争当事国が勝つのは不可能だ。ベトナム戦争とキューバ危機の大きな違いは、前者は自信過剰によって戦争にまで発展したということだ。

ドミニク・ジョンソンも言っているように、国のリーダーも国民も、現実が見えていないという点では同じだ……もしかしたら、リーダーのほうが勘違いが大きいかもしれない。政治家はえてして、平均的な有権者よりも自信家でナルシシストだ。このメディア政治の時代は、特にその傾向が強い。どんな国でもレベルに見合った政府を持つものだと昔から言われているように、実力よりも見せかけの自信を重視するような有権者が多い国は、自信だけで実力のないリーダーを持つことになる。もちろん、その逆のケースもあるだろう。

ドイツ首相のアンゲラ・メルケル（訳注：現在は元首相）と、元イタリア首相のシルヴィオ・ベルルスコーニを比べてみよう。メルケルはカリスマ性も特になく、地味でぱっとしない印象のリーダーだ。物理学の博士号を持っていて、たしかに政治の世界よりは学問の世界のほうが向いているように見える。一方でベルルスコーニはカリスマ性があり、ナルシシストで、大成功した実業家だ。ヨーロッパ有数の金持ちでもある。どちらも民主的な選挙で首相に選ばれ、政治家として名を残している。

メルケルは自信の低い実力者の典型だ。用心深く、リスクを嫌い、派手さがなく、思慮深い。そしてベルルスコーニは、自信はあるが実力はない。得意なのは汚職くらいなものだろう。二人の差は、ドイツ経済とイタリア経済の現状を比べてみればよくわかる。

それに加えて、アルゼンチンのケースも考えてみたい（ちなみに、アルゼンチンは私のルーツだ）。かつてアルゼンチンは、世界でも有数の金持ち国だった。しかし現在、財政は火の車だ[注16]。なぜここまで経済が落ち込んでしまったのか。それは、実力の裏付けがない自信と、何の根拠もない権利意識が原因だ。アルゼンチンは肥沃な土壌に恵まれているために、それに甘えて近代化の努力をほとんどしてこなかった。政治評論家のロセンド・フラガによると、アルゼンチンはチリやウルグアイを手本にするべきだという。今が一九一三年であるかのような勘違いはやめて、システムを簡略化して財政緊縮を行う必要があるとのことだ。

二〇〇八年の世界金融危機には、自信の高さの弊害に気づかされるという副産物があった。

近年になって、非現実的な楽観主義や、勘違いによる自信がもたらす害についての研究が増えてきている。たとえば、フランスにあるEMリヨン経営大学院のニハト・アクタス率いる研究チームによると、自己愛の強いCEOは、より攻撃的な企業買収を行う傾向がある。しかも相場よりも高い金額を出すので、マーケットを混乱に陥れ、自社にとっても害になる。

組織で出世の階段を上るのに必要な資質は、いいリーダーになる資質とは相容れないと昔から言われているが、アクタスらの発見も基本的には同じことだ。トップに上り詰めるには、強欲で傲慢になることが求められる。しかしいいリーダーになるには、たとえ企業社会であっても、謙虚なチームプレーヤーにならなければならない[注17]。

また、社会階層の移動を歴史的に分析する、つまり、世代によって社会階層が上がったり下がったりする様子を分析しても、高い自信の弊害がよくわかる。向上心の強い野心家は、たいてい親よりもたくさん稼ぐようになる。歴史をひもとくと、移民が祖国を離れる理由は、人権侵害、圧政、貧困、経済の停滞などだということがわかる。つまり彼ら移民は、祖国の未来に希望が持てなくなったのだ。高い教育を受けた裕福な人たちも、未来のない祖国に残るくらいなら、たとえ社会階層が下がっても外国へ行くことを選ぶ。

[注16] 主に二〇一一年のデータを参照。"World Economic and Financial Surveys: World Economic Outlook Database, April 2012," International Monetary Fund, http://www.imf.org/external/pubs/ft/weo/2012/01/weodata/index.aspx.

とはいえ、移民のほとんどは野心家で努力を惜しまないので、すぐに祖国での生活よりも高い生活水準を達成することになる。その結果、移住した国で生まれた子供たちは、いい教育を受け、そのおかげでより高い社会的な地位を獲得することができる。しかし、孫の世代になると状況は変わる。苦労を知らず、甘やかされて育った孫世代は、成功をハングリーに追い求めることもない。裕福で幸せな家庭に育つと、野心が消えてしまうこともあるのだ。その結果、今度は社会階層が下がることになる。その極端な例が、貴族の家系だろう。たいていの貴族の家では、相続するごとに一家の財産が少なくなっていく。

この流れが当てはまるのは貴族か王族の家だけだと思っているなら、考え直したほうがいい。最近のデータによると、一九六〇年代に中間層の家庭に生まれたアメリカ人は、その三分の一以上が社会階層を落としているという[注18]。しかもこれは、二〇〇八年にリーマン・ショックが起こるずっと前のことだ。

おわりに

偉大な心理学者のカール・ユングも言っていたように、人間とは意味を求める生き物だ。人生はときに過酷だが、困難の意味が理解できれば救われることもある。しかし、失敗をありのままに受け入れず、自分がいい気分でいられるように勝手に意味をでっち上げていたら、いずれ困ったことになるだろう。ここまで読んだあなたならもうわかるだろうが、むしろ自信は低いほうが成功できるのである。

それでは、自信が低くなるとどんな世界が見えるのだろうか。

まず、日々の生活で準備を怠らないようになる。口論は減り、間違いも減る。政治家や軍のリーダーは、簡単には国民を戦場に送らないようになる。CEOたちの汚職は減り、誰もが安全運転を心がける。実際、ここ数十年の間に起こった大きな危機の多くは、自信過剰が原因だった。自信の低い世界では、すべて起こらなかったかもしれない。それに私たちの能力も向上していただろう。

アルフレッド・アドラーは、「人間であるとは、劣等感を持つことだ」と言っている。もしかしたらその通りかもしれない。しかし、本物の実力を身につければ、人間が本来持っている劣等感も、少なくとも一時的には解消できる。むしろ人は、劣等感があるからこそ、何かを達成したいという向上心を持つことができるのだろう。自分の中に弱さを認めるほど、向上したいというモチベーションは高くなり、そのための努力も惜しまなくなる。自信の低さは、失敗の結果だが、成功の源でもあるのだ。

謝辞

エージェントのジャイルズ・アンダーソン、ペンギン出版のキャロライン・サットンとクリスティーナ・ロドリゲスに感謝を。彼らのおかげで、こうやって自分の考えていることを一冊の本にまとめることができた。超優秀なリサーチアシスタントたち、ローレン・カーター、サイアン・コナー、ナターシャ・クセフには、昼夜を問わずサポートしてくれたことに感謝する。そして忍耐強い妻のミレーヌ・スペンス。この本を書いている間、私の長い労働時間(と私自身)に耐えてくれてどうもありがとう。

訳者あとがき

　本書は『Confidence: Overcoming Low Self-Esteem, Insecurity, and Self-Doubt』の翻訳です。タイトルをそのまま訳すと、「自信：自己肯定感の低さ、不安、自信のなさを克服する」となるでしょうか。これだけを見ると、「成功の秘訣は自信を持つこと」、「自己肯定感を高めることがすべてのカギになる」というような内容を想像する人も多いでしょう。なるほど、よくある自己啓発本ね、読まなくても内容はだいたいわかる、などと考える人もいるかもしれません。

　たしかにここ十年か二十年の間で、「自信があればできないことは何もない」という言葉をよく聞くようになった気がします。自信がある人は、学業優秀で、出世もできるし、友達もたくさんいるし、健康で長生きできる。やりたいことに物怖じせずに挑戦できて、不安や緊張で失敗することもない。つまり、どうやら自信さえあれば、幸せで成功した人生が送れるようです。

　ところが、実際のところ、本書はまったく正反対のことを主張しています。自信は成功に関係ないどころか、むしろ成功の妨げになるというのです。

　著者のトマス・チャモロ＝プリミュージク博士はイギリスとアメリカの名門大学で教える

心理学者で、組織の人材開発にも携わっています。長年にわたり、「成功者はなぜ成功したのか」ということを探るために広範な研究を行ってきました。その結果、「成功に自信は必要ない」という結論にたどり着いたといいます。

でも、成功している人って、たいてい自信がありそうじゃないですか？　本書によると、それは成功しているから自信があるのであって、自信があるから成功したのではないとのこと。人は自信があると、自分の現状に満足し、成長しようというモチベーションがなくなって努力を怠る。努力しない人は実力もつかず、結果として自信だけで中身が伴わない人になる。実際のところ、自信家のほとんどは、高い自信に見合う実力を備えていないと著者は言います。

逆に自信の低い人は、自分の現状を正確に把握し、弱点克服のために努力する。そうやって努力によって実力を高めた結果、本物の実力の裏付けがある健全な自信が手に入る――これが自信の本来あるべき姿だと著者は言います。

それでは、実力の伴わない自信家には、いったいどんな運命が待ち受けているのでしょうか？　本書ではさまざまな心理学の調査が紹介されています。たとえば、容姿や知性、社交スキルなどの分野で自己評価と他者からの評価を比較し、自己評価のほうが上回っている「自信過剰」タイプの人は、周りからは「傲慢」「信用できない」といったネガティブな評価を受けることが多いとのこと。自信が高い人はコミュニケーション力があって人から好かれそうな気がしますが、実はそうでもないようです。

自信過剰タイプはそれ以外にも、過度な飲酒、喫煙、ドラッグ摂取、飲酒運転、スピード違反といったリスクの高い行動に走る傾向が高く、結果として寿命も短くなる。こう見ると、自信は成功の秘訣どころか、むしろ成功の最大の敵かもしれないということがよくわかります。

本書の原書は二〇一三年に出版されました。もう十年も前のことになりますが、その内容は古くなるどころか、ますます重要性を増しているのではないでしょうか。原書の出版当時、「自信があることはむしろ有害」という著者の主張はまるで受け入れられなかったそうですが、私たちはこの十年で、空疎な自信がもたらす弊害をまざまざと見せつけられてきました。詳しいことは本文に譲りますが、自己顕示欲があふれるSNS空間や、分断を煽るポピュリスト政治家の台頭なども、そんな弊害の例にかぞえられるでしょう。十年前の時点で著者がすでに危惧していた問題が、解決されるどころかさらに大きくなっているようです。

本書を手に取るような人は、むしろ自信の低さで悩んでいて、自信過剰の弊害を心配する必要はないかもしれませんが、著者によると「根拠のない自信は人間にありがちな勘違い」とのこと。個人的には、自戒の念を込めて、この言葉を肝に銘じておきたいと思います。本物の実力をつけて、本物の自信を手に入れたいという人は、ぜひ本書をお読みください。

最後になりましたが、本書の編集を担当してくださった河出書房新社の戸床奈津美さんにお礼を申し上げます。実はこの本の最初の翻訳は二〇一五年に出版されましたが、しばらく絶版になっていました。それがこうして再び日の目を見ることができたのは、「今の時代こそこの本が必要」という戸床さんのお言葉のおかげです。その慧眼に敬意を表するとともに、感謝の意を捧げたいと思います。どうもありがとうございました。

二〇二三年九月　桜田直美

Leadership in Action 29, no. 3 (2009): 8-11.

注18：G. Acs, *Downward Mobility from the Middle Class: Waking Up from the American Dream* (Pew Charitable Trusts, 2011), http://www. pewtrusts.org/our_work_report_detail.aspx?id=85899363697.

Psychology 10, no. 5 (1991): 303-10.

注43：K. Trottier, J. Polivy, and C. P. Herman, "Effects of Expectations About Outcomes on Self-Change Resolutions" (発表予定 (原書発刊当時)).

注44：J. Polivy and C. P. Herman, "The Effects of Resolving to Diet on Restrained and Unrestrained Eaters: The 'False Hope Syndrome,' " *International Journal of Eating Disorders* 26, no. 4 (1999): 434-47.

注45：J. Polivy and C. P. Herman, "If at First You Don't Succeed: False Hopes of Self-Change," *American Psychologist* 57, no. 9 (2002): 677-89.

注47：Polivy and Herman, "If at First You Don't Succeed," 686.

注48：S. V. Zagona and L. A. Zurcher Jr., "An Analysis of Some Psychosocial Variables Associated with Smoking Behavior in a College Sample," *Psychological Reports* 17, no. 3 (1965): 967-78.

注49：S. Schachter, "Recidivism and Self-Cure of Smoking and Obesity," *American Psychologist* 37, no. 4 (1982): 436-44.

注50：F. Gino, A. W. Brooks, and M. E. Schweitzer, "Anxiety, Advice, and the Ability to Discern: Feeling Anxious Motivates Individuals to Seek and Use Advice," *Journal of Personality and Social Psychology* 102, no. 3 (2012): 497-512.

注51：R. M. Pinkhasov, J. Wong, J. Kashanian, M. Lee, D. B. Samadi, M. M. Pinkhasov, and R. Shabsigh, "Are Men Shortchanged on Health? Perspective on Health Care Utilization and Health Risk Behavior in Men and Women in the United States," *International Journal of Clinical Practice* 64, no. 4 (2010): 475-87.

注56：L. Gauvin and J. C. Spence, "Physical Activity and Psychological Well-being: Knowledge Base, Current Issues, and Caveats," *Nutrition Reviews* 54, no. 4 (1996): S53-65.

注57：C. B. Taylor, J. F. Sallis, and R. Needle, "The Relation of Physical Activity and Exercise to Mental Health," *Public Health Reports* 100, no. 2 (1985): 195-202.

注58：Baumeister et al., "Does High Self-esteem Cause Better Performance?"

第7章　言うは易く行うは難し?

注1：Baumeister et al., "Does High Self-esteem Cause Better Performance," 1.

注2：T. B. Kashdan, V. Barrios, J. P. Forsyth, and M. F. Steger, "Experiential Avoidance as a Generalized Psychological Vulnerability: Comparisons with Coping and Emotion Regulation Strategies," *Behaviour Research and Therapy* 44, no. 9 (2006): 1301-20.

注3：W. C. Thompson, G. T. Fong, and D. L. Rosenhan, "Inadmissible Evidence and Juror Verdicts," *Journal of Personality and Social Psychology* 40, no. 3 (1981): 453-63.

注4：D. M. Wegner, R. Wenzlaff, R. M. Kerker, and A. E. Beattie, "Incrimination Through Innuendo: Can Media Questions Become Public Answers?" *Journal of Personality and Social Psychology* 40, no. 5 (1981): 822-32.

注5：A. Tversky and D. Kahneman, "Judgment Under Uncertainty: Heuristics and Biases," *Science* 185, no. 4157 (1974): 1124-31.

注6：J. Polivy and C. P. Herman, "Dieting and Binging: A Causal Analysis," *American Psychologist* 40, no. 2 (1985): 193-201.

注7：I. L. Janis, "Preventing Pathogenic Denial by Means of Stress Inoculation," in *The Denial of Stress*, ed. S. Breznitz (New York: International Universities Press, 1983), 35-76.

注8：J. W. Pennebaker, "Inhibition and Cognition: Toward an Understanding of Trauma and Disease," *Canadian Psychology* 26 (1985): 82-95.

注9：J. J. Gross and O. P. John, "Individual Differences in Two Emotion Regulation Processes: Implications for Affect, Relationships, and Well-being," *Journal of Personality and Social Psychology* 85, no. 2 (2003): 348-62.

注10：R. F. Baumeister and T. F. Heatherton, "Self-regulation Failure: An Overview," *Psychological Inquiry* 7 (1996): 1-15.

注11：C. N. Macrae, G. V. Bodenhausen, A. B. Milne, and J. Jetten, "Out of Mind but Back in Sight: Stereotypes on the Rebound," *Journal of Personality and Social Psychology* 67, no. 5 (1994): 808-17.

注13：P. Arden, *Whatever You Think, Think the Opposite* (New York: Portfolio Trade, 2006), 22.

注14：C. Anderson, S. Brion, D. A. Moore, and J. A. Kennedy, "A Status-Enhancement Account of Overconfidence," *Journal of Personality and Social Psychology* 103, no. 4 (2012): 718-35.

注15：D. D. P. Johnson, *Overconfidence and War: The Havoc and Glory of Positive Illusions* (Cambridge, MA: Harvard University Press, 2004).

注17：D. Winsborough, R. B. Kaiser, and R. Hogan, "An Evolutionary View: What Followers Want from Their Leaders,"

注16：H. S. Friedman and L. R. Martin, *The Longevity Project: Surprising Discoveries for Health and Long Life from the Landmark Eight-Decade Study* (New York: Hudson Street Press, 2011), 9.

注17：C. Paul, J. Fitzjohn, P. Herbison, and N. Dickson, "The Determinants of Sexual Intercourse Before Age 16 in a Birth Cohort," *Journal of Adolescent Health* 27 (2000): 136-47.

注18：G. E. Smith, M. Gerrard, and F. X. Gibbons, "Self-esteem and the Relation Between Risk Behavior and Perceived Vulnerability," *Health Psychology* 16 (1997): 137-46.

注19：J. M. Burger and L. Burns, "The Illusion of Unique Invulnerability and the Use of Effective Contraception," *Personality and Social Psychology Bulletin* 14, no. 2 (1988): 264-70.

注20：M. Kleinjan, R. J. van den Eijnden, and R. C. Engels, "Adolescents' Rationalizations to Continue Smoking: The Role of Disengagement Beliefs and Nicotine Dependence in Smoking Cessation," *Addictive Behaviors* 34, no. 5 (2009): 440-45.

注21：J. W. Brehm, "Postdecision Changes in the Desirability of Alternatives," *Journal of Abnormal Psychology* 52, no. 3 (1956): 384-89.

注22：H. Blanton, B. W. Pelham, T. DeHart, and M. Carvallo, "Overconfidence as Dissonance Reduction," *Journal of Experimental Social Psychology* 37, no. 5 (2001): 373-85.

注23：J. Jaccard, T. Dodge, and V. Guilamo-Ramos, "Metacognition, Risk Behavior, and Risk Outcomes: The Role of Perceived Intelligence and Perceived Knowledge," *Health Psychology* 24, no. 2 (2005): 161-70.

注24：Blanton et al., "Overconfidence as Dissonance Reduction," 373.

注25：Baumeister et al., "Does High Self-esteem Cause Better Performance," 31.

注26：S. G. Tallentyre, *Voltaire in His Letters, Being a Selection from His Correspondence* (New York and London: G. P. Putnam's Sons, 1919).

注27：H. Tennen and G. Affleck, "The Puzzles of Self-esteem: A Clinical Perspective," in *Self-esteem: The Puzzle of Low Self-regard*, ed. R. Baumeister (Hoboken, NJ: Wiley, 1993), 241-62.

注28：Baumeister et al., "Does High Self-esteem Cause Better Performance?"

注29：Y. Benyamini and O. Raz, " 'I Can Tell You If I'll Really Lose All That Weight': Dispositional and Situated Optimism as Predictors of Weight Loss Following a Group Intervention," *Journal of Applied Social Psychology* 37, no. 4 (2007): 844-61.

注30：M. Gerrard, F. X. Gibbons, M. Reis-Bergan, and D. W. Russell, "Self-esteem, Self-serving Cognitions, and Health Risk Behavior," *Journal of Personality* 68, no. 6 (2000): 1177-201.

注31：Gerrard et al., "Self-esteem, Self-serving Cognitions."

注32：D. A. Raynor and H. Levine, "Associations Between the Five-Factor Model of Personality and Health Behaviors Among College Students," *Journal of American College Health* 58, no. 1 (2009): 73-81.

注33：R. Buehler, D. Griffin, and M. Ross, "Exploring the 'Planning Fallacy': Why People Underestimate Their Task Completion Times," *Journal of Personality and Social Psychology* 67, no. 3 (1994): 366-81.

注34：T. A. Wadden, S. N. Steen, B. J. Wingate, and G. D. Foster, "Psychosocial Consequences of Weight Reduction: How Much Weight Loss Is Enough?" *American Journal of Clinical Nutrition* 63, no. 3 (1996): 461S-465S.

注35：R. Goldbeck, P. Myatt, and T. Aitchison, "End-of-Treatment Self-efficacy: A Predictor of Abstinence," *Addiction* 92, no. 3 (1997): 313-24.

注36：S. Allsop and B. Saunders, "Relapse and Alcohol Problems," in *Relapse and Addictive Behaviour*, ed. M. Gossop (New York: Tavistock/ Routledge, 1989), 11-40.

注37：J. J. Arnett, "Optimistic Bias in Adolescent and Adult Smokers and Nonsmokers," *Addictive Behaviors* 25, no. 4 (2000): 625-32.

注38：S. Cohen, E. Lichtenstein, J. O. Prochaska, J. S. Rossi, E. R. Gritz, C. R. Carr, C. T. Orleans, et al., "Debunking Myths About Self-Quitting: Evidence from 10 Prospective Studies of Persons Who Attempted to Quit Smoking by Themselves," *American Psychologist* 44, no. 11 (1989): 1355-65.

注39：J. O. Prochaska, W. F. Velicer, E. Guadagnoli, J. S. Rossi, and C. C. DiClemente, "Patterns of Change: Dynamic Typology Applied to Smoking Cessation," *Multivariate Behavioral Research* 26, no. 1 (1991): 83-107.

注40：M. Muraven and R. F. Baumeister, "Self-regulation and Depletion of Limited Resources: Does Self-control Resemble a Muscle?" *Psychological Bulletin* 126, no. 2 (2000): 247-59.

注41：J. O. Prochaska, C. C. DiClemente, and J. C. Norcross, "In Search of How People Change: Applications to Addictive Behaviors," *American Psychologist* 47, no. 9 (1992): 1102-14; J. O. Prochaska and W. F. Velicer, "The Transtheoretical Model of Health Behavior Change," *American Journal of Health Promotion* 12, no. 1 (1997): 38-48.

注42：K. D. Brownell, "Personal Responsibility and Control over Our Bodies: When Expectation Exceeds Reality," *Health*

注25：R. Hogan and T. Chamorro-Premuzic, "Personality and the Laws of History," in *The Wiley-Blackwell Handbook of Individual Differences*, ed. T. Chamorro-Premuzic, S. von Stumm, and A. Furnham (Oxford, UK: Wiley-Blackwell, 2011).
注26：D. M. Tice, J. L. Butler, M. B. Muraven, and A. M. Stillwell, "When Modesty Prevails: Differential Favorability of Self-Presentation to Friends and Strangers," *Journal of Personality and Social Psychology* 69, no. 6 (1995): 1120-38.
注27：L. Wheeler and J. Nezlek, "Sex Differences in Social Participation," *Journal of Personality and Social Psychology* 35, no. 10 (1977): 742-54.
注28：B. M. DePaulo, D. A. Kashy, S. E. Kirkendol, M. M. Wyer, and J. A. Epstein, "Lying in Everyday Life," *Journal of Personality and Social Psychology* 70, no. 5 (1996): 979-95.
注29：R. F. Baumeister and K. J. Cairns, "Repression and Self-Presentation: When Audiences Interfere with Self-deceptive Strategies," *Journal of Personality and Social Psychology* 62, no. 5 (1992): 851-62.
注30：L. Uziel, "Rethinking Social Desirability Scales: From Impression Management to Interpersonally Oriented Self-control," *Perspectives on Psychological Science* 5, no. 3 (2010): 243-62.
注31：D. B. Guralnik, ed., *Webster's New World Dictionary of the American Language* (New York: New American Library, 1984).
注32：B. A. Pontari and B. R. Schlenker, "The Influence of Cognitive Load on Self-Presentation: Can Cognitive Busyness Help as Well as Harm Social Performance?" *Journal of Personality and Social Psychology* 78, no. 6 (2000): 1092-108.
注33：B. A. Pontari and B. R. Schlenker, "The Influence of Cognitive Load on Self-Presentation: Can Cognitive Busyness Help as Well as Harm Social Performance?" *Journal of Personality and Social Psychology* 78, no. 6 (2000): 1102.
注34：D. Carnegie, *How to Win Friends and Influence People* (New York: Simon & Schuster, 1936).
注35：E. D. Heggestad and M. J. Morrison, "An Inductive Exploration of the Social Effectiveness Construct Space," *Journal of Personality* 76, no. 4 (2008): 839-74.

第6章　自信がない人は健康で長生き

注1：M. B. Holstein and M. Minkler, "Self, Society, and the 'New Gerontology,' " *Gerontologist* 43, no. 6 (2003): 787-96.
注2：W. J. Strawbridge, M. I. Wallhagen, and R. D. Cohen, "Successful Aging and Well-being: Self-Rated Compared with Rowe and Kahn," *Gerontologist* 42, no. 6 (2002): 727-33.
注3：M. L. Kern and H. S. Friedman, "Personality and Differences in Health and Longevity," in *The Wiley-Blackwell Handbook of Individual Differences*, ed. T. Chamorro-Premuzic, A. Furnham, and S. von Stumm (Oxford: Wiley-Blackwell, 2011), 461-90.
注4：M. F. Scheier and C. S. Carver, "Optimism, Coping, and Health: Assessment and Implications of Generalized Outcome Expectancies," *Health Psychology* 4, no. 3 (1985): 219-47.
注5：P. S. Fry and D. L. Debats, "Perfectionism and the Five-Factor Personality Traits as Predictors of Mortality in Older Adults," *Journal of Health Psychology* 14, no. 4 (2009): 513-24.
注6：S. C. Segerstrom, "Optimism and Immunity: Do Positive Thoughts Always Lead to Positive Effects?" *Brain, Behavior, and Immunity* 19, no. 3 (2005): 195-200.
注7：Kern and Friedman, "Personality and Differences in Health and Longevity," 474.
注8：A. Harvey, E. Towner, M. Peden, H. Soori, and K. Bartolomeos, "Injury Prevention and the Attainment of Child and Adolescent Health," *Bulletin of the World Health Organization* 87, no. 5 (2009): 390-94.
注9：P. Fischer, T. Greitemeyer, A. Kastenmüller, C. Vogrincic, and A. Sauer, "The Effects of Risk-Glorifying Media Exposure on Risk-Positive Cognitions, Emotions, and Behaviors: A Meta-analytic Review," *Psychological Bulletin* 137, no. 3 (2011): 367-90.
注10：A. Mokdad, J. Marks, D. Stroup, and J. Gerberding, "Actual Causes of Death in the United States, 2000," *Journal of the American Medical Association* 291, no. 10 (2004): 1238-45.
注11：H. J. Eysenck, "Personality and Cigarette Smoking," *Life Sciences* 3, no. 7 (1964): 777-92.
注12：A. R. Helgason, M. Fredrikson, T. Dyba, and G. Steineck, "Introverts Give Up Smoking More Often Than Extroverts" *Personality and Individual Differences* 18, no. 4 (1995): 559-60.
注13：N. Emler, *Self-esteem: the Costs and Causes of Low Self-worth* (York, UK: Joseph Rowntree Foundation, 2001).
注14：M. J. Sharp and J. G. Getz, "Substance Use as Impression Management," *Personality and Social Psychology Bulletin* 22, no. 1 (1996): 60-67.
注15：N. D. Weinstein, "Unrealistic Optimism About Illness Susceptibility: Conclusions from a Community-wide Sample," *Journal of Behavioral Medicine* 10 (1987): 481-500.

注21：Gallup, "Strategic Consulting."

注22："Store: Level 5 Leadership: The Triumph of Humility and Fierce Resolve (HBR Classic)," *Harvard Business Review*, http://hbr.org/product/level?5?leadership-the-triumph?of?humility-and-fie/an/R0507M-PDF-ENG.

注23：R. Hogan, *Personality and the Fate of Organizations* (Mahwah, NJ: Lawrence Erlbaum Associates, 2007).

注24：T. A. Judge, J. E. Bono, R. Ilies, and M. W. Gerhardt, "Personality and Leadership: A Qualitative and Quantitative Review," *Journal of Applied Psychology* 87, no. 4 (2002): 765-80.

注26：B. Dattner, *The Blame Game: How the Hidden Rules of Credit and Blame Determine Our Success or Failure* (New York: Simon & Schuster, 2011), 52.

第5章 社交スキルの自信と実力

注1：P. A. Mabe and S. G. West, "Validity of Self-evaluation of Ability: A Review and Meta-analysis," *Journal of Applied Psychology* 67, no. 3 (1982): 280-96.

注2：B. M. DePaulo, K. Charlton, H, Cooper, J. J. Lindsay, and L. Muhlenbruck, "The Accuracy-Confidence Correlation in the Detection of Deception," *Personality and Social Psychology Review* 1, no. 4 (1997): 346-57.

注3：J. Brockner and A. J. Blethyn Hulton, "How to Reverse the Vicious Cycle of Low Self-esteem: The Importance of Attentional Focus," *Journal of Experimental Social Psychology* 14, no. 6 (1978): 564-78.

注4：J. A. Bishop and H. M. Inderbitzen, "Peer Acceptance and Friendship: An Investigation of Their Relation to Self-esteem," *Journal of Early Adolescence* 15, no. 4 (1995): 476-89.

注6：G. R. Adams, B. A. Ryan, M. Ketsetzis, and L. Keating, "Rule Compliance and Peer Sociability: A Study of Family Process, School-Focused Parent-Child Interactions, and Children's Classroom Behavior," *Journal of Family Psychology* 14, no. 2 (2000): 237-50.

注7：D. Buhrmester, W. Furman, M. T. Wittenberg, and H. T. Reis, "Five Domains of Interpersonal Competence in Peer Relationships," *Journal of Personality and Social Psychology* 55, no. 6 (1988): 991-1008.

注8：Baumeister et al., "Does High Self-esteem Cause Better Performance," 16-17.

注9：G. A. Bonanno, N. P. Field, A. Kovacevic, and S. Kaltman, "Self-enhancement as a Buffer Against Extreme Adversity: Civil War in Bosnia and Traumatic Loss in the United States," *Personality and Social Psychology Bulletin* 28 (2002): 184-96.

注10：J. W. Atkinson, "Motivational Determinants of Risk Taking Behavior," *Psychological Review* 64, no. 6 (1957): 359-72.

注11：R. F. Baumeister, D. M. Tice, and D. G. Hutton, "Self-Presentational Motivations and Personality Differences in Self-esteem," *Journal of Personality* 57, no. 2 (1989): 547-79.

注12：R. F. Baumeister, J. C. Hamilton, and D. M. Tice, "Public Versus Private Expectancy of Success: Confidence Booster or Performance Pressure?" *Journal of Personality and Social Psychology* 48, no. 6 (1985): 1447-57.

注13：Baumeister et al., "Self-Presentational Motivations," 553.

注14：D. B. McFarlin and J. Blascovich, "Effects of Self-esteem and Performance Feedback on Future Affective Preferences and Cognitive Expectations," *Journal of Personality and Social Psychology* 40, no. 3 (1981): 521-31.

注15：Baumeister et al., "Self-Presentational Motivations," 557.

注16：S. J. Heine, D. R. Lehman, H. R. Markus, and S. Kitayama, "Is There a Universal Need for Positive Self-regard?" *Psychological Review* 106, no. 4 (1999): 766-94.

注17：E. E. Jones and X. Pittman, "Toward a General Theory of Strategic Self-Presentation," in *Psychological Perspectives on the Self*, Vol. 1, ed. J. Suls (Hillsdale, NJ: Erlbaum, 1982), 231-62.

注18：J. Kruger and D. Dunning, "Unskilled and Unaware of It: How Difficulties in Recognizing One's Own Incompetence Lead to Inflated Self-assessments," *Journal of Personality and Social Psychology* 77, no. 6 (1999): 1121-34.

注19：M. R. Leary, "Motivational and Emotional Aspects of the Self," *Annual Review of Psychology* 58 (2007): 317-44.

注20：P. Gilbert, "Evolution and Social Anxiety: The Role of Attraction, Social Competition, and Social Hierarchies," *Psychiatric Clinics of North America* 24, no. 4 (2001): 723-51.

注21：F. Vertue, "From Adaptive Emotion to Dysfunction: An Attachment Perspective on Social Anxiety Disorder," *Personality and Social Psychology Review* 7, no. 2 (2003): 170-91.

注22：J. Bowlby, *Attachment: Attachment and Loss*, Vol. 1, 2nd ed. (New York; Basic Books, 1982).

注23：K. Bartholomew, "Avoidance of Intimacy: An Attachment Perspective," *Journal of Social and Personal Relationships* 7, no. 2 (1990): 147-78.

注24：E. L. Thorndike, "Intelligence and Its Uses," *Harper's Magazine*, January 1920.

注13：B. S. Connelly and D. S. Ones, "An Other Perspective on Personality: Meta-analytic Integration of Observers' Accuracy and Predictive Validity," *Psychological Bulletin* 136, no. 6 (2010): 1092-122.

注15：C. H. Cooley, *Human Nature and the Social Order* (New York: Schreiber, 1902).

注16：G. H. Mead and D. L. Miller, *The Individual and the Social Self: Unpublished Work of George Herbert Mead* (Chicago: University of Chicago Press, 1982), 5.

注17：M. Leary, "Motivational and Emotional Aspects of the Self," *Annual Review of Psychology* 58 (2007): 317-44.

注18：J. S. Beer and D. Keltner, "What Is Unique About Self-Conscious Emotions?" *Psychological Inquiry* 15, no. 2 (2004): 126-70.

注19：A. H. Baumgardner, C. M. Kaufman, and P. E. Levy, "Regulating Affect Interpersonally: When Low Esteem Leads to Greater Enhancement," *Journal of Personality and Social Psychology* 56, no. 6 (1989): 907-21.

注20：R. F. Baumeister, "A Self-Presentational View of Social Phenomena," *Psychological Bulletin* 91, no. 1 (1982): 3-26.

注21：L. H. Somerville, W. M. Kelley, and T. F. Heatherton, "Self-esteem Modulates Medial Prefrontal Cortical Responses to Evaluative Social Feedback," *Cerebral Cortex* 20, no. 12 (2010): 3005-13.

注22：T. Sharot, C. W. Korn, and R. J. Dolan, "How Unrealistic Optimism Is Maintained in the Face of Reality," *Nature Neuroscience* 14, no. 11 (2011): 1475-79.

第4章　キャリアと自信

注1：C. U. Greven, N. Harlaar, Y. Kovas, T. Chamorro-Premuzic, and R. Plomin, "More Than Just IQ: School Achievement Is Predicted by Self-Perceived Abilities? But for Genetic Rather Than Environmental Reasons," *Psychological Science* 20, no. 6 (2009): 753-62; T. Chamorro-Premuzic, N. Harlaar, C. U. Greven, and R. Plomin, "More Than Just IQ: A Longitudinal Examination of Self-Perceived Abilities as Predictors of Academic Performance in a Large Sample of UK Twins," *Intelligence* 38, no. 4 (2010): 385-92.

注2：T. Chamorro-Premuzic and A. Furnham, *Personality and Intellectual Competence* (Mahwah, NJ: Lawrence Erlbaum Associates, 2005).

注4：T. Chamorro-Premuzic and A. Furnham, *The Psychology of Personnel Selection* (New York: Cambridge University Press, 2010).

注5：R. Hogan and R. Kaiser, "How to Assess Integrity," *Consulting Psychology Journal* (掲載予定（原書発刊当時）).

注6：Chamorro-Premuzic, *Personality and Individual Differences.*

注7："Strategic Consulting," Gallup, http://www.gallup.com/consulting/52/employee-engagement.aspx/.

注8：J. Hillard and E. Pollard, *Employability: Developing a Framework for Policy Analysis* (Nottingham, UK: Department of Education and Employment, 1998).

注9："Civilian Labor Force Participation Rate," Bureau of Labor Statistics, http://data.bls.gov/timeseries/LNS11300000years_ ption=specific_years&include_graphs=true&to_month=1&from_month=2.

注10："The Joyless or the Jobless," *Economist,* November 25, 2010.

注11：Y. Baruch and N. Bozionelos, "Career Issues," in *Handbook of Industrial and Organizational Psychology,* Vol. 2, ed. S. Zedeck (Washington, DC: American Psychological Association, 2011), 67-133.

注12：Chamorro-Premuzic and Furnham, *Personality and Intellectual Competence.*

注13：T. Chamorro-Premuzic and A. Furnham, "Intellectual Competence and the Intelligent Personality: A Third Way in Differential Psychology," *Review of General Psychology* 10, no. 3 (2006): 251-67.

注14：C. Mueller and C. Dweck, "Praise for Intelligence Can Undermine Children's Motivation and Performance," *Journal of Personality and Social Psychology* 75, no. 1 (1998): 33-42.

注15：M. Gladwell, *Outliers: The Story of Success* (New York: Little, Brown, 2008).

注16：A. K. Ericsson, N. Charness, P. Feltovich, and R. R. Hoffman, *The Cambridge Handbook of Expertise and Expert Performance* (Cambridge, UK: Cambridge University Press, 2006).

注17：B. Tulgan, *Winning the Talent Wars: How to Build a Lean, Flexible, High-Performance Workplace* (New York: W. W. Norton, 2001).

注18：P. Brown and A. Hesketh, *The Mismanagement of Talent: Employability and Jobs in the Knowledge Economy* (Oxford, UK: Oxford University Press, 2004), 153.

注19：R. Hogan, T. Chamorro-Premuzic, and R. Kaiser, "Employability: Who Can Get and Keep a Job?" *Perspectives of Industrial-Organizational Psychology* (掲載予定（原書発刊当時）).

注20：R. Hogan, T. Chamorro-Premuzic, and R. Kaiser, "Employability: Who Can Get and Keep a Job?" *Perspectives of Industrial-Organizational Psychology* (掲載予定（原書発刊当時）).

注14：R. L. Leahy, "Pessimism and the Evolution of Negativity," *Journal of Cognitive Psychotherapy* 16, no. 3 (2002): 295-316.

注15：Marks and Nesse, "Fear and Fitness," 254.

注16：S. Tzu, *The Art of War* (New York: SoHo, 2010), 20.

注17：T. Gilovich, *How We Know What Isn't So: The Fallibility of Human Reason in Everyday Life* (New York: Free Press, 1991).

注18："Male Traders Are from Mars," *Economist*, May 18, 2009, http://www.economist.com/blogs/freeexchange/2009/05/male_traders_are_from_mars.

注19：J. M. Coates and J. Herbert, "Endogenous Steroids and Financial Risk Taking on a London Trading Floor," *Proceedings of the National Academy of Sciences of the United States of America* 105, no. 16 (2008): 6167-72.

注20：V. H. Galbraith, *The Making of Domesday Book* (London: Clarendon Press, 1961), 30.

注21：J. Lammers, J. Stoker, J. Jordan, M. Pollman, and D. Stapel, "Power Increases Infidelity Among Men and Women," *Psychological Science* 22, no. 9 (2011): 1191-97.

注22：J. Polivy and C. Herman, "If at First You Don't Succeed: False Hopes of Self-Change," *American Psychologist* 57, no. 9 (2002): 677-89.

注23：D. Cervone and P. K. Peake, "Anchoring, Efficacy, and Action: The Influence of Judgmental Heuristics on Self-Efficacy Judgments and Behavior," *Journal of Personality and Social Psychology* 50, no. 3 (1986): 492-501.

注24：W. T. Powers, "Commentary on Bandura's 'Human Agency,' " *American Psychologist* 46, no. 2 (1991): 151-53.

注25：J. B. Vancouver, C. M. Thompson, E. C. Tischner, and D. J. Putka, "Two Studies Examining the Negative Effect of Self-Efficacy on Performance," *Journal of Applied Psychology* 87, no. 3 (2002): 506-16.

注26：D. N. Stone, "Overconfidence in Initial Self-Efficacy Judgments: Effects on Decision Processes and Performance," *Organizational Behavior and Human Decision Processes* 59, no. 3 (1994): 452-74.

注27：W. T. Powers, *Behavior: The Control of Perception* (Chicago: Aldine, 1973).

注28：J. T. Austin and J. B. Vancouver, "Goal Constructs in Psychology: Structure, Process, and Content," *Psychological Bulletin* 120, no. 3 (1996): 338-75.

注29：D. Carnegie, *How to Win Friends and Influence People* (London: Cedar, 1953), 103.

注30："Johnny Depp Quote," Said What?, http://www.saidwhat.co.uk/quotes/celebrity/johnny_depp/my_self-image_it_still_isnt_that_751.

注31：Cara Lee, "Robbie: I Wasn't on Drugs," *Sun*, October 20, 2009,http:// www.thesun.co.uk/sol/homepage/showbiz/tv/x_factor/2690850/Robbie-Williams?I?wasnt?on?drugs.html?.

注32：C. Everett, "Demi Moore Reveals Her Biggest Fear Is She's 'Not Worthy of Being Loved': Actress Calls Herself a 'Warrior' After Ashton Kutcher Split," *Daily News*, January 4, 2012, http://articles.nydailynews.com/2012?01?04/news/30590839_1_scares- demi-moore-moore-talks.

注34：C. F. Bond Jr. and B. M. DePaulo, "Accuracy of Deception Judgements," *Personality and Social Psychology Review* 10, no. 3 (2006): 214-34.

注35：C. F. Bond Jr. and B. M. DePaulo, "Accuracy of Deception Judgements," *Personality and Social Psychology Review* 10, no. 3 (2006): 214.

第3章　「他人からの評価」ですべてが決まる

注2：E. Pronin and M. B. Kugler, "People Believe They Have More Free Will Than Others," *Proceedings of the National Academy of Sciences of the United States of America* 107, no. 52 (2010): 22469-74.

注3：N. M. Kierein and M. A. Gold, "Pygmalion in Work Organizations: A Meta-analysis," *Journal of Organizational Behavior* 21, no. 8 (2000): 913-28.

注4：T. Chamorro-Premuzic, *Personality and Individual Differences*, 2nd ed. (Oxford, UK: Wiley-Blackwell, 2011).

注6：A. M. Koenig, A. H. Eagly, A. A. Mitchell, and T. Ristikari, "Are Leader Stereotypes Masculine? A Meta-analysis of Three Research Paradigms," *Psychological Bulletin* 137, no. 4 (2011): 616-42.

注7：S. Wellington, M. B. Kropf, and P. R. Gerkovich, "What's Holding Women Back?" *Harvard Business Review* 81, no. 6 (2003): 18-19.

注8：W. Wosinska, A. J. Dabul, R. Whetstone-Dion, and R. B. Cialdini, "Self-Presentational Responses to Success in the Organization: The Costs and Benefits of Modesty," *Basic and Applied Social Psychology* 18, no. 2 (1996): 229-42.

注10：Wosinska et al., "Self-Presentational Responses to Success," 239.

注11：J. Collins, "Level 5 Leadership: The Triumph of Humility and Fierce Resolve," *Harvard Business Review* 79, no. 1 (2001): 67-76.

Psychology 23, no. 2 (1996): 107-9.

注34：E. Pronin, D. Y. Lin, and L. Ross, "The Bias Blind Spot: Perceptions of Bias in Self Versus Others," *Personality and Social Psychology Bulletin* 28, no. 3 (2002): 369-81.

注35：E. Pronin, D. Y. Lin, and L. Ross, "The Bias Blind Spot: Perceptions of Bias in Self Versus Others," *Personality and Social Psychology Bulletin* 28, no. 3 (2002): 378.

注36：T. Sharot, "The Optimism Bias," *Current Biology* 21, no. 23 (2011): R941-45.

注37：University of California, San Diego, "California's Leadership in Tobacco Control Resulted in Lower Lung Cancer Rate, Study Finds," *ScienceDaily*, September 29, 2010, http://www.sciencedaily.com/releases/2010/09/100929142131.htm.

注38：D. Thompson, *The Fix* (London, UK: Harper Collins, 2012).

注39：C. Colvin, J. Block, and D. C. Funder, "Overly Positive Self-Evaluations and Personality: Negative Implications for Mental Health," *Journal of Personality and Social Psychology* 68, no. 6 (1995): 1152-62.

注40：C. Colvin, J. Block, and D. C. Funder, "Overly Positive Self-Evaluations and Personality: Negative Implications for Mental Health," *Journal of Personality and Social Psychology* 68, no. 6 (1995): 1156.

注41：C. Colvin, J. Block, and D. C. Funder, "Overly Positive Self-Evaluations and Personality: Negative Implications for Mental Health," *Journal of Personality and Social Psychology* 68, no. 6 (1995): 1159.

注42：R. Trivers, *The Folly of Fools: The Logic of Deceit and Self-deception in Human Life* (New York: Basic Books, 2011).

注43：K. H. Lambird and T. Mann, "When Do Ego Threats Lead to Self-regulation Failure? Negative Consequences of Defensive High Self-esteem," *Personality and Social Psychology Bulletin* 32, no. 9 (2006): 1177-87.

注44：D. L. Paulhus, P. D. Harms, M. N. Bruce, and D. C. Lysy, "The Over-Claiming Technique: Measuring Self-enhancement Independent of Ability," *Journal of Personality and Social Psychology* 84, no. 4 (2003): 890-904.

注46：P. W. Andrews and J. A. Thomson Jr., "The Bright Side of Being Blue: Depression as an Adaptation for Analyzing Complex Problems," *Psychological Review* 116, no. 3 (2009): 620-54.

第2章　自信のなさを利用する

注1：D. H. Barlow, *Anxiety and Its Disorders: The Nature and Treatment of Anxiety and Panic*, 2nd ed. (New York: Guilford Press, 2002).

注2：D. H. Zald and J. V. Pardo, "Emotion, Olfaction, and the Human Amygdala: Amygdala Activation During Aversive Olfactory Stimulation," *Proceedings of the National Academy of Sciences of the United States of America* 94, no. 8 (1997): 4119-24.

注3：W. E. Lee, M. E. Wadsworth, and M. Hotopf, "The Protective Role of Trait Anxiety: A Longitudinal Cohort Study," *Psychological Medicine* 36, no. 3 (2006): 345-51.

注4：M. O. Johnson, "HIV Vaccine Volunteers: Personality, Motivation and Risk," ProQuest Information & Learning, AAM9839840 (1999).

注5：P. Simpson-Housley, A. F. De Man, and R. Yachnin, "Trait-Anxiety and Appraisal of Flood Hazard: A Brief Comment," *Psychological Reports* 58, no. 2 (1986): 509-10.

注7：I. M. Marks and R. M. Nesse, "Fear and Fitness: An Evolutionary Analysis of Anxiety Disorders," *Ethology and Sociobiology* 15 (1994): 247-61.

注8："Statistics," National Institute of Mental Health, http://www.nimh.nih.gov/statistics/.

注9：C. Blanco, M. Okuda, C. Wright, D. S. Hasin, B. F. Grant, S. M. Liu, and M. Olfson, "Mental Health of College Students and Their Non-College Attending Peers: Results from the National Epidemiologic Study on Alcohol and Related Conditions," *Archives of General Psychiatry* 65, no. 12 (2008): 1429-37.

注10：K. Belzer and F. Schneier, "Comorbidity of Anxiety and Depressive Disorders: Issues in Conceptualization, Assessment, and Treatment," *Journal of Psychiatric Practice* 10, no. 5 (2004): 296-306.

注11：E. Gut, *Productive and Unproductive Depression: Success or Failure of a Vital Process* (New York: Basic Books, 1989).

注12：D. Nettle, "Evolutionary Origins of Depression: A Review and Reformulation," *Journal of Affective Disorders* 81, no. 2 (2004): 91-102.

注13：L. B. Alloy and L. Y. Abramson, "Judgment of Contingency in Depressed and Nondepressed Students: Sadder but Wiser?" *Journal of Experimental Psychology: General* 108, no. 4 (1979): 441-85; K. Dobson and R. Franche, "A Conceptual and Empirical Review of the Depressive Realism Hypothesis," *Canadian Journal of Behavioural Science* 21, no. 4 (1989): 419-33.

［本文注］

第1章　自信と実力は違う

注2：R. Lubit, "The Long-Term Organizational Impact of Destructively Narcissistic Managers," *Academy of Management Executive* 16, no. 1 (2002): 127-38.

注3：J. M. Twenge and W. K. Campbell, *The Narcissism Epidemic: Living in the Age of Entitlement* (New York: Free Press, 2009).

注4：N. Galambos, E. Barker, and H. Krahn, "Depression, Self-esteem, and Anger in Emerging Adulthood: Seven-Year Trajectories," *Developmental Psychology* 42, no. 2 (2006): 350-65.

注5：F. S. Stinson, D. A. Dawson, R. B. Goldstein, S. P. Chou, B. Huang, S. M. Smith, W. J. Ruan, et al., "Prevalence, Correlates, Disability, and Comorbidity of DSM-IV Narcissistic Personality Disorder: Results from the Wave 2 National Epidemiologic Survey on Alcohol and Related Conditions," *Journal of Clinical Psychiatry* 69, no. 7 (2008): 1033-45.

注6：J. Kluger, "How America's Children Packed on the Pounds," *Time*, June 12, 2008. Read more: http://www.livestrong.com/article/384722-how-much-have-obesity-rates-risen-since-1950/#ixzz20Ef9NhvT.

注7：P. Kirschner and A. Karpinski, "Facebook and Academic Performance," *Computers in Human Behavior* 26, no. 6 (2010): 1237-45.などを参照。

注9：T. Ryan and S. Xenos, "Who Uses Facebook? An Investigation into the Relationship Between the Big Five, Shyness, Narcissism, Loneliness, and Facebook Usage," *Computers in Human Behavior* 27, no. 5 (2011): 1658-64.

注10：W. Compton, K. Conway, F. Stinson, and B. Grant, "Changes in the Prevalence of Major Depression and Comorbid Substance Use Disorders in the United States Between 1991-1992 and 2001-2002," *American Journal of Psychiatry* 163, no. 12 (2006): 2141-47.

注11：G. Parker, G. Gladstone, and K. T. Chee, "Depression in the Planet's Largest Ethnic Group: the Chinese," *American Journal of Psychiatry* 158, no. 6 (2001): 857-64.

注12："Health Topics: Depression," World Health Organization, http://www.who.int/topics/depression/en/.

注15：N. Herr, "Television & Health," Internet Resources to Accompany *the Sourcebook for Teaching Science*, http://www.csun.edu/science/health/docs/tv&health.html.

注16：Marketdata Enterprises, "Self-improvement Market Growth Slows, as Recession Takes Toll and Consumers Await the Next Big Thing," press release, October 14, 2008.

注17：K. Schulz, "The Self in Self-help," *New York*, January 6, 2013, http://nymag.com/health/self-help/2013/schulz-self-searching/.

注18：S. Salerno, *SHAM : How the Self-help Movement Made America Helpless* (New York: Crown Publishers, 2005).

注19：R. F. Baumeister, J. D. Campbell, J. I. Krueger, and K. D. Vohs, "Does High Self-esteem Cause Better Performance, Interpersonal Success, Happiness, or Healthier Lifestyles?" *Psychological Science in the Public Interest* 4, no. 1 (2003): 1-44.

注21：Baumeister et al., "Does High Self-esteem Cause Better Performance," 7.

注22：E. Diener, B. Wolsic, and F. Fujita, "Physical Attractiveness and Subjective Well-being," *Journal of Personality and Social Psychology* 69, no. 1 (1995): 120-29.

注23：Baumeister et al., "Does High Self-esteem Cause Better Performance," 8.

注24：I. Schmidt, I. Berg, and B. Deelman, "Prospective Memory Training in Older Adults," *Educational Gerontology* 27, no. 6 (2001): 455-78.

注25：V. Hoorens and P. Harris, "Distortions in Reports of Health Behaviors: The Time Span Effect and Illusory Superiority," *Psychology and Health* 13, no. 3 (1998): 451-66.

注26：L. Larwood and W. Whittaker, "Managerial Myopia: Self-serving Biases in Organizational Planning," *Journal of Applied Psychology* 62, no. 2 (1977): 194-98.

注27：R. B. Felson, "Ambiguity and Bias in the Self-concept," *Social Psychology Quarterly* 44, no. 1 (1981): 64-69.

注28：Y. Endo, S. Heine, and D. Lehman, "Culture and Positive Illusions in Close Relationships: How My Relationships Are Better Than Yours," *Personality and Social Psychology Bulletin* 26, no. 12 (2000): 1571-86.

注29：O. Svenson, "Are We All Less Risky and More Skillful Than Our Fellow Drivers?" *Acta Psychologica* 47, no. 2 (1981): 143-48.

注30：College Board, "Student Descriptive Questionnaire" (Princeton, NJ: Educational Testing Service, 1976-1977).

注31：K. P. Cross, "Not Can, But Will College Teaching Be Improved?" *New Directions for Higher Education* 17 (1977): 1-15.

注33：J. Friedrich, "On Seeing Oneself as Less Self-serving Than Others: The Ultimate Self-serving Bias?" *Teaching of*

［著者略歴］

トマス・チャモロ＝プリミュージク
（Tomas Chamorro-Premuzic）

社会心理学者。ユニヴァーシティ・カレッジ・ロンドン教授、コロンビア大学教授、マンパワーグループのチーフ・イノベーション・オフィサー。パーソナリティ・プロファイリング、人材・組織分析、人間と人工知能のインターフェース、リーダーシップ開発の権威として知られる。以前にはホーガン・アセスメント・システムズ（人材アセスメントテスト企業）のCEOや、J.P.モルガン、Yahoo、ユニリーバ、英国軍、ロイヤルメールなど幅広い民間・公営企業のコンサルタントとしても活躍。ニューヨーク大学、ロンドン・スクール・オブ・エコノミクス、ハーバード・ビジネス・スクール、スタンフォード・ビジネス・スクール、ロンドン・ビジネス・スクール、IMDなどでも教鞭をとった。

［訳者紹介］

桜田直美
（さくらだ・なおみ）

翻訳家。早稲田大学第一文学部卒。訳書は、『アメリカの高校生が学んでいるお金の教科書』『アメリカの高校生が学んでいる投資の教科書』（共に、SBクリエイティブ）、『ロングゲーム 今、自分にとっていちばん意味のあることをするために』（ディスカヴァー・トゥエンティワン）、『「科学的」に頭をよくする方法』（かんき出版）、『世界最高のリーダーシップ「個の力」を最大化し、組織を成功に向かわせる技術』（PHP研究所）、『The Number Bias 数字を見たときにぜひ考えてほしいこと』（サンマーク出版）などがある。

本書は2015年にPHP研究所より刊行された『自信がない人は一流になれる』を改題の上、新装改訂したものです。

「自信がない」という価値

2023年10月20日　初版印刷
2023年10月30日　初版発行

著　者　トマス・チャモロ＝プリミュージク
訳　者　桜田直美
装　丁　金澤浩二
発行者　小野寺優
発行所　株式会社河出書房新社
〒151-0051
東京都渋谷区千駄ヶ谷2-32-2
電話 03-3404-1201（営業）
03-3404-8611（編集）
https://www.kawade.co.jp/

組　版　KAWADE DTP WORKS
印　刷　株式会社暁印刷
製　本　株式会社暁印刷

Printed in Japan　ISBN978-4-309-30031-3